捐赠行为

对消费者财务资源受限的缓解作用研究

蒋 晶◎著

中国财经出版传媒集团
中国财政经济出版社
·北 京·

图书在版编目（CIP）数据

捐赠行为对消费者财务资源受限的缓解作用研究/蒋晶著. --北京：中国财政经济出版社，2024.5

ISBN 978-7-5223-3021-1

Ⅰ.①捐… Ⅱ.①蒋… Ⅲ.①慈善事业-个人行为-作用-消费者-财务管理-资源配置-研究 Ⅳ.①F713.55

中国国家版本馆 CIP 数据核字（2024）第 070168 号

责任编辑：董小烨　　　　责任印制：张　健
封面设计：陈宇琰　　　　责任校对：胡永立

捐赠行为对消费者财务资源受限的缓解作用研究

中国财政经济出版社 出版

URL：http：//www.cfeph.cn

E-mail：cfeph@cfeph.cn

社址：北京市海淀区阜成路甲 28 号　邮政编码：100142

营销中心电话：010-88191522

天猫网店：中国财政经济出版社旗舰店

网址：https：//zgczjjcbs.tmall.com

中煤（北京）印务有限公司印刷 各地新华书店经销

成品尺寸：170mm×230mm　16 开　15.75 印张　190 000 字

2024 年 5 月第 1 版　2024 年 5 月北京第 1 次印刷

定价：65.00 元

ISBN 978-7-5223-3021-1

（图书出现印装问题，本社负责调换，电话：010-88190548）

本社质量投诉电话：010-88190744

打击盗版举报热线：010-88191661　QQ：2242791300

前　言

随着科技进步和社会发展，越来越多的人感觉到巨大的经济压力，或多或少都表达过“钱怎么老不够花”这样的感受。上述说法的核心内容是财务受限，既包括客观财务受限，即人们常常表达的“缺钱”“不良财务状况”“穷”；也包括主观财务受限感，即消费者对于自身财务状况和消费欲望之间的不平衡状态的一种主观感受。对于后者来讲，当人们认为自身财务状况无法满足其预期消费时，他们就会产生财务受限感，也就是我们常说的经济压力。两者相比较，前者特指收入低的消费者；而后者则更为普遍，即无论收入高或低的消费者，只要支出需求大于收入都会产生财务受限感。鉴于这一普遍存在且日益加剧的现象，关注消费者财务受限的缓解机制已经成为一个重要而有意义的研究课题，其研究结果对于提升国民幸福感和社会福祉具有重要的指导意义。基于认知心理学、补偿性动机以及资源稀缺和捐赠行为等文献，本研究提出捐赠行为对消费者财务受限具有缓解作用。

一、捐赠行为与消费者财务受限

随着慈善的经济价值与社会作用日益凸显，它已经被公认为21世纪最重要的人类价值之一，并发挥着政府调控和市场机制所无法替代的作用，因此受到各国政府、组织及学者的高度重视。慈善捐赠的本质是帮助有需要的人，它不仅带来经济效益和社会福利，而且还是健康民主的基石。根据捐赠主体的不同，捐赠行为分为个人捐赠和企业捐赠两种类型，本书中所涉及的捐赠行为为个人捐赠行为。同时，鉴于本书是从市场营销学科出发而进行的探究，因此在本书的实证研究部分使用“消费者”代替“个人”。同时，根据捐赠内容的不同，捐赠行为主要分为金钱捐赠（捐钱）、时间捐赠（志愿服务）、物品捐赠、血液捐赠（献血）以及器官捐赠五类，本书中关注的捐赠行为为金钱捐赠，为了避免冗余，以下称为“捐赠”。

消费者财务受限的研究源于资源稀缺领域，且由来已久。早期的研究多从宏观环境层面入手，如经济危机时期消费者的行为表现等，其理论视角也多为经济学或者社会学，研究成果比较丰富。近年来的研究则多在微观层面进行探讨，如消费者财务状况、财务受限感对其消费选择的影响等，其理论视角大多为消费心理学，然而研究成果非常有限。而且在这一领域，已有研究大多探讨的是财务受限对消费者经济决策的影响（如消费决策），而鲜有研究关注财务受限与消费者非经济决策（如捐赠决策）的影响。为了弥补这一空白，本书从微观层面出发，通过采用两个不同研究范式、开展不同研究目的的子研究，分别从客观财务受限和主观财务受限（感）两个角度切入，探索了捐赠行为对消费者财务受限的缓解作用及其心理机制。

二、基于消费者客观财务受限的研究

子研究一的题目是“消费者客观财务受限对捐赠行为的影响”，其中消费者客观财务受限指的是消费者的财务状况，如收入等。子研究一旨在探索消费者客观财务受限与捐赠行为之间的关系，因为是探索性研究，所以采用了问卷调研方法，发放了全国性调查问卷。该研究以参与者汇报的“个人月收入水平”和“所在城市吸引力级别”作为代理变量来测量消费者客观财务受限，自我汇报的“捐赠意愿”“感知个人捐赠能力”以及“过往捐赠经历”用以衡量捐赠行为。通过对1853份有效问卷进行回归分析，结果表明，消费者客观财务状况对其捐赠行为存在显著影响，但两个指标所反映的影响方向截然不同，其中前者是正向相关关系，后者是负向相关关系，该发现与已有文献出现的分歧非常相似。

从月收入水平这一指标来看，消费者客观财务现状与捐赠行为之间存在显著正向关系。消费者的月收入水平越高，其捐赠行为越多，包括捐赠经历越多，捐赠能力越强以及捐赠意愿越高。反之，消费者的月收入水平越低，其捐赠行为越少，包括捐赠经历越少，捐赠能力越弱以及捐赠意愿越低。如前文所述，消费者月收入水平可以用来衡量其客观财务受限程度，月收入水平越低说明其客观财务受限程度越高，因此上述发现可以概括为：消费者客观财务受限水平越高，其捐赠行为越少。

从消费者所在城市商业吸引力级别来看，消费者客观财务状况与捐赠行为之间存在显著负向关系。消费者所在城市的级别越高（超一线），其捐赠行为越少，包括更少的捐赠经历、更弱的捐赠能力以及更低的捐赠意愿。反之，消费者所在的城市级别越低（四、五线），其捐赠行为越多，包括越多的捐赠经历、越强的捐赠能力以及越高的捐赠意愿。如前文所述，消费者所在城市吸引力级别可以作为客观财务受限程度的代理变量，城市级别越低说明消费者客观财务受限越高，因此上述发现可以概括为：消费者客观财务受限水平越高，其捐赠行为越多。

综合所有研究结果来看，由于消费者客观财务受限的衡量指标不同，对其捐赠行为的影响也存在差异。在解释客观财务受限与捐赠行为之间的关系时，应该极为谨慎。进一步来说，因为所在城市级别是相对客观的指标，所以采用所在城市级别作为代理变量来反映消费者客观财务受限及其作用于捐赠行为的结果更令人信服。该研究结果为子研究二提供了初步的证据，即财务受限促进了捐赠行为。为了进一步探究两者之间的因果关系及其心理机制，子研究二采用了行为实验的方法，通过3个实验进行了验证。

三、基于消费者主观财务受限（感）的研究

子研究二的题目是“捐赠行为对消费者主观财务受限感的缓解及其心理机制”。该研究关注的是消费者主观财务受限，以下称为“财务受限感”。为了论证财务受限感与消费者捐赠行为之间存在正向因果关系，子研究二采用了行为实验方法。通过三个实验检验了财务受限感对捐赠意愿的正向影响、权力状态的中介作用以及捐赠场景、资源不充分显著

性的调节中介作用。研究结果表明，与非财务受限的消费者相比，财务受限消费者的捐赠意愿更强，其中权力状态发挥了中介作用，即财务受限感显著降低了消费者的权力状态，继而提升了其捐赠意愿，而此时捐赠行为补偿了由于财务受限而导致的低权力状态。从这个意义上讲，捐赠行为缓解了消费者财务受限感。

此外，本研究发现了捐赠场景的调节中介作用，在公开捐赠场景下，低权力状态消费者的捐赠意愿显著高于高权力状态消费者，权力的中介作用显著；而在匿名捐赠场景下，两者的捐赠意愿没有显著差异，权力的中介作用不显著。同样，本研究还指出资源不充分显著性发挥了调节中介效应，在资源不充分不显著时，权力状态在财务受限作用于捐赠行为的中介作用中仍旧存在，但当资源不充分显著时，权力状态的中介效应会消失。上述两个调节中介效应的检验结果佐证了权力状态的中介效应，提升了中介效应的稳健性。

四、研究方法与研究思路

根据研究内容的不同，本书采用了不同的实证方法对主要研究内容进行探讨。具体而言，针对消费者客观财务受限对捐赠行为的影响研究，本书采用文献研究方法、问卷调查法；针对主观财务受限感对捐赠行为的影响，本书采用了文献研究法和行为实验研究法。其中，文献研究法方面，本书通过对资源稀缺、财务稀缺、权力状态以及捐赠行为等研究领域进行了文献搜集、阅读与整理，发现了现有研究存在的不足之处，明确所研究的变量的界定与发展脉络，提出了关注要点与研究目的，并提出了研究问题与假设；问卷调查法方面，本书通过一个全国性问卷对中国公众的财务现状与其捐赠行为之间的关系进行了调研，用来实现探索性研究目的；实验研究法通过操控消费者主观财务受限感来探究其与捐赠行为之间的因果关系，进一步明晰捐赠行为对消费者财务受限的缓解作用及其心理机制。

（一）文献研究法

本书通过对资源稀缺、财务稀缺、权力状态以及捐赠行为等研究领域进行文献搜集、阅读与整理，发现了现有研究存在的不足之处，明确所研究的变量的界定与发展脉络，提出了关注要点与研究目的，并提出了研究问题与假设。

首先，本研究提出财务受限对消费者非经济决策产生了正向影响，消费者财务受限程度越高，其捐赠行为越多。就子研究一而言，本研究梳理了消费者财务现状和捐赠行为的相关文献，提出消费者客观财务现状对捐赠行为存在正向影响。就子研究二来讲，本研究梳理了研究模型搭建所依赖的主要理论，包括权力文献和补偿性动机理论，这是支撑关键变量之间影响关系的重要理论基础。基于权力文献与补偿性动机理论，本研究推导并提出了消费者财务受限感对捐赠行为存在正向影响，并探索了可能的中介机制，即权力状态和调节变量（如捐赠场景和资源不充分显著性）。

其次，我们还通过文献阅读整理并总结了子研究一里主要变量的测量方式，和子研究二里自变量的操控方式和操控检验题项、中介变量的测量方法、因变量的测量方法以及调节变量的测量和操控方法，以上文献积累是本研究的调查问卷和实验结果有效性的重要保障。

最后，通过对统计方法及数据处理方法领域的经典文献进行挖掘、研读和学习，本研究采用了正确的数据处理和统计分析方法，有助于有效回答研究问题，并对研究假设进行了合理检验。

（二）问卷调查法

问卷调查法是实现探索性研究目的较为有效的实证方法。在梳理现有文献之后，本研究发现现有研究结论尚未达成一致，甚至有些研究结论之间存在着相反的结果。因此，子研究一提出了一个探索性研究目的，试图了解消费者的客观财务受限与其捐赠行为之间存在着何种关系。为了完成该探索性研究目的，且为了增强研究结论的代表性和普适性，本研究采用了问卷调查法。

基于合理的样本选择原则，本研究通过一个全国性问卷对中国公众的财务现状与其捐赠行为之间的关系进行了调研。同时为了增强研究结果的稳健性和交叉验证，在问卷中对因变量和自变量都进行了多种方式的测量。具体而言，针对自变量消费者客观财务受限，本研究采取了自我汇报的个人月收入水平和相对客观的所在城市商业吸引力级别作为代理变量的两种形式。同样，针对捐赠行为这一因变量，本研究采用了三个变量进行衡量，包括过往捐赠经历、捐赠能力以及捐赠意愿。本研究使用统计软件 SPSS22.0 版本对数据进行了分析，具体的分析方法包括描述性统计、方差分析以及线性回归分析。

（三）行为实验法

行为实验法是探索消费者行为及其心理机制所采用的最常见和最有效的一种研究方法，它是指控制住一系列无关变量，通过不同的操控方式仅仅改变自变量的维度或程度，以观测因变量的变化程度的一种科学研究方法。其原理是通过实验操控来精确探究自变量与因变量之间的因果关系，并有效检验其内在的心理机制。典型的实验法通常包含两个小组，一是实验组，二是控制组。实验组是指在实验中接受实验处理的小组，而控制组是指在实验中未接受实验处理的小组。通过比较两组之间的差异，可以观察实验处理是否促成了某种结果变化。子研究二提出了消费者主观财务受限感与其捐赠行为之间存在着因果关系，因此采用实验方法是正确的和合理的。

为了验证上述因果关系，本研究采用了实验室和网络两种形式。网络实验的优点是时效性强，参与者具有来源广、背景丰富等多样性，因而实验结果的外部效度更强。但同时，网络实验也存在被试者注意力不够集中、环境等混淆因素的影响等不利因素。为了使实验过程更加干净，被试者注意力更加集中，我们同时也采用了实验室实验的方法。两种方式相结合有助于提升研究结果的内外部效度。同时为了增强研究的效度，本研究采用不同方法来操控财务受限感，同时采用不同的实验刺激物来测量消费者捐赠意愿。此外，针对心理机制，本研究也采用了两种方式进行探索和验证，其一是采用直接测量的方式验证了权力状态的中介作用，其二是提出调节中介模型，通过分别验证捐赠场景和资源不充分显著性对权力状态的调节作用来验证权力状态的中介作用。上述实验设计有助于准确地验证假设，得出准确研究结论。本研究使用统计软件 SPSS22.0 版本对实验数据进行了分析并对假设进行了验证，具体的分析方法包括描述性统计、信度分析、方差分析、对比分析以及 Bootstrap 中介效应和调节中介效应分析。

五、理论与现实意义

本书的研究结果对财务受限、权力状态、捐赠行为等研究领域作出了重要的理论贡献。首先，针对财务受限研究领域的贡献，主要体现在以下三个方面：第一，本研究既关注了消费者客观财务受限，又关注了他们的主观财务受限感，并通过两种不同的实证方法分别探究了他们与捐赠行为之间的关系，研究结果一方面有助于厘清客观财务受限领域的研究分歧，另一方面也拓展了主观财务受限领域的研究内容，具有重要的理论拓展意义；第二，已有研究大多针对财务受限对经济决策的影响，缺乏财务受限对非经济决策的影响，因此本研究将财务受限的行为后果从经济决策扩展到非经济决策领域，具有重要的理论创新意义；第三，已有文献大多探讨财务受限的负面效应，鲜有研究发现财务受限也具有正面效应。因此本研究所提出的财务受限可以促进捐赠行为这一正面效应，具有重要的理论完善意义。

其次，针对捐赠行为研究领域的贡献，主要体现在以下方面：本研究创新性地提出了财务受限这一负面状态是捐赠行为的一个重要的前置变量，研究结果丰富了捐赠意愿的影响因素研究。从宏观层面上来看，子研究一采用了消费者所在城市商业吸引力级别作为代理变量，考察了客观财务受限对消费者捐赠意愿的影响。与以往宏观因素所发挥的间接影响不同，本研究结果反映的是消费者所在城市商业吸引力级别这一宏观影响因素对消费者捐赠意愿的直接影响，具有重要的理论创新意义。从微观层面上来看，子研究二提出的消费者财务受限感是提升捐赠意愿的一个重要的情境因素，该研究结论是对现有捐赠意愿的情境影响因素文献的重要补充，具有重要的理论填补意义。

最后，本书提出权力状态是财务受限感提升消费者捐赠行为的重要驱动因素，这是探索捐赠动机的一个全新的理论视角。财务受限感会导致消费者处于低权力状态，从而启动消费者补偿性动机，其结论一方面印证了权力状态低下会引发消费者的补偿性动机，而捐赠行为就是这样一种应对机制，另一方面也提出了权力状态和捐赠行为具有负向关系，拓展了权力状态在非经济决策领域里发挥的正面作用。此外，基于捐赠场景，本研究提出了有调节的中介效应机制，如果捐赠行为是公开性的，财务受限感所引发的低权力状态以及高捐赠意愿的效应仍旧存在；但当捐赠行为是匿名时，是否财务受限对权力状态及后续捐赠行为的影响则不存在显著差异。同样，本研究还提出资源不充分显著性发挥了调节中介效应，在资源不充分、不显著时，权力状态在财务受限作用于捐赠行为的中介作用中仍旧存在，但当资源不充分显著时，权力状态的中介效应消失。上述结论在一定程度上佐证了权力状态的中介作用，增强了该心理机制的稳健性，具有重要的理论创新意义。

本书的研究结果还具有重要的现实意义。首先，本研究成果对于慈善组织鼓励普通公众的捐赠行为具有现实指导意义。在进行慈善推广时，政府和慈善组织可以面向较低级别城市、较高收入的消费者加大推广力度。其次，本研究从权力状态视角出发，提出当消费者主观感知到物质财富相对于消费欲望不足时仍然可能有较高的利他行为。因此，慈善组织可以通过强调亲社会行为对于权力状态的提升效应而有效地提高公众的亲社会行为，如在宣传上强调高端与身份等概念，同时可以加强捐赠场景的公开性，从而促进财务受限感强的消费者能够通过更多的捐赠行为来补偿低权力状态。此外，本研究成果对于帮助消费者缓解无所不在的经济压力具有重要的意义，消费者可以通过帮助他人来缓解由于财务受限带来的低权力心理状态，一方面可以缓解自己的负面状态，从而提升幸福指数和建立健康的心态；另一方面也可以通过捐赠来帮助他人，提升个人捐赠总额及社会福祉。

本书所进行的研究存在着许多不足之处，为未来研究方向提供了新的思路。首先，虽然本研究分别采用了问卷调研和实验方法来验证财务受限与捐赠行为的关系及其心理机制，但在研究设计中应该融入更多的研究方法来增强研究的效度。在未来研究中，应该采用实地试验、定性访谈等方式，进一步加深对财务受限缓解机制的理解。其次，在子研究二实验设计方面，自变量操控和实验形式略显单一。在未来研究中，应该增加不同的自变量操控方法和不同的实验形式，用以提升研究的内部效度、外部效度以及普适性，有助于提升研究结论的准确性和权威性。再次，虽然本研究探索了捐赠场景的调节作用，但是财务受限感效应还存在其他边界条件。在未来研究中，应该加强对这些边界条件的探究，如感知他人身份等。最后，从本研究的结论出发，未来研究还可以针对财务受限感和消费者捐赠动机进一步拓展，如"面子"的影响、财务受限对捐赠行为的正面效应是否能推及到其他捐赠行为（如捐赠时间）以及捐赠行为是否能缓解其他类型的资源稀缺（如时间稀缺）所带来的负面感受等。

六、本书结构

本书分为两个部分，共 9 章，其中第一个部分是研究背景，第二个部分是实证研究。具体内容如下：

第一部分是研究背景：我国捐赠者结构现状和消费者财务受限概述。通过对我国慈善捐赠者结构和消费者财务受限（经济压力）的分别概述，帮助读者了解这两个社会问题的现状以及解决这两个社会问题所进行的，来自政府、企业以及慈善组织的助推策略。该部分的内容为第二部分实证研究打下了全面和深入的基础。第一部分包括 4 个章节，分别是：第 1 章，我国慈善捐赠者结构现状及存在的主要问题；第 2 章，我国慈善制度背景对个人捐赠决策的影响；第 3 章，我国慈善组织对个人捐赠决策行为的助推措施；第 4 章，个人特征、财务受限与行为决策。

第二部分是实证研究：捐赠行为对消费者财务受限的缓解作用。通过两个不同研究范式的子研究，该部分分别从消费者客观财务受限（子研究一）和主观财务受限感（子研究二）两个视角，探索了其与捐赠行为之间的关系。该部分采用实证研究范式，将消费者财务受限与其捐赠行为联系起来，并发现了后者对前者的缓解作用，具有重要的理论与现实意义。第二部分包括5个章节，分别是：第5章，研究背景与研究问题；第6章，理论与文献综述；第7章，消费者客观财务受限对捐赠意愿的影响；第8章，捐赠行为对消费者财务受限感的缓解作用；第9章，研究结论与讨论。

从研究范式上看，第一部分主要是基于二手数据、焦点小组座谈以及实操案例进行讨论和阐释，采用的是文献分析和案例研究范式；第二部分主要是基于问卷和行为实验的实证研究。两个部分分别侧重于实践与理论，两者相结合使本书的研究内容更为完整、深入和全面。

本书是在笔者主持的教育部人文社科规划项目（18YJA630044）的研究报告基础上进一步充实、完善和修改后完成的。感谢在项目进行与本书撰写过程中提供过重要帮助的樊亚凤、苗晓霖、王艳。本书写给营销和公共管理专业研究人员、政府立法机构、慈善组织以及关注社会福祉与个人福利的普通读者。希望本书能够帮助大家理解捐赠行为对消费者财务受限的缓解作用及其心理机制。本书为解决经济压力所带来的负面感受、个人捐赠比例低这两个社会问题提供了一个全新的理论视角。

目　录

第一部分　研究背景

我国捐赠者结构现状和消费者财务受限概述

第 1 章　我国慈善捐赠者结构现状及存在的主要问题 …………（3）
1.1　我国慈善捐赠的发展历程 …………（4）
1.2　我国慈善捐赠者结构现状 …………（8）
1.3　我国慈善捐赠者结构存在的问题及其成因 …………（13）
1.4　本章小结 …………（16）

第 2 章　我国慈善制度背景对个人捐赠决策的影响 …………（18）
2.1　研究背景 …………（19）
2.2　理论框架和研究问题 …………（21）
2.3　研究方法：焦点小组座谈 …………（27）
2.4　研究结果 …………（29）

2.5 研究结论与讨论 …………………… (34)

第3章 我国慈善组织对个人捐赠决策行为的助推措施 …………………… (39)

3.1 慈善组织募捐策略的助推作用：国外研究述评 …………………… (40)

3.2 慈善组织募捐策略的助推作用：国内研究述评 …………………… (45)

3.3 我国慈善组织的募捐策略 …………………… (47)

3.4 本章小结 …………………… (54)

第4章 个体特征、财务受限与行为决策 …………………… (56)

4.1 影响个人捐赠决策的个体特征 …………………… (57)

4.2 财务受限的界定、分类及其与经济压力的关系 …………………… (62)

4.3 财务受限对行为决策的影响 …………………… (65)

4.4 本章小结 …………………… (68)

第二部分 实证研究

捐赠行为对消费者财务受限的缓解作用

第5章 研究背景与研究问题 …………………… (73)

5.1 研究背景与研究问题的提出 …………………… (73)

5.2 研究意义 …………………… (76)

5.3　研究目的、内容与框架 ……………………（81）
5.4　主要研究构念的界定 ………………………（83）
5.5　研究方法 ……………………………………（88）
5.6　实证研究结构 ………………………………（93）

第6章　理论与文献综述 ……………………（95）
6.1　财务受限 ……………………………………（96）
6.2　捐赠行为 ……………………………………（105）
6.3　权力状态 ……………………………………（125）
6.4　本章小结 ……………………………………（137）

第7章　消费者客观财务受限对捐赠意愿的影响 …（139）
7.1　研究背景与研究问题的提出 ………………（139）
7.2　研究设计 ……………………………………（146）
7.3　研究结果 ……………………………………（152）
7.4　研究结论与讨论 ……………………………（159）

第8章　捐赠行为对消费者财务受限感的缓解作用
……………………………………………………（162）
8.1　研究假设的提出 ……………………………（162）
8.2　实验1：财务受限感、权力状态和捐赠意愿
……………………………………………………（173）
8.3　实验2：捐赠场景的调节中介效应 ………（178）
8.4　实验3：资源不充分性的调节中介效应 …（183）
8.5　研究结论 ……………………………………（187）

第 9 章 研究结论与讨论 ………………………… (188)
9.1 研究结论 ………………………… (188)
9.2 理论贡献 ………………………… (192)
9.3 管理启示 ………………………… (198)
9.4 本研究的局限与未来研究方向 ………… (199)

参考文献 ………………………… (202)
附录 ………………………… (228)

第一部分　研究背景

我国捐赠者结构现状和消费者财务受限概述

第 1 章

我国慈善捐赠者结构现状及存在的主要问题

本书所关注的第一个社会问题是我国捐赠者结构优化问题。捐赠者主要包括企业捐赠者和个人捐赠者（包括家庭）。一直以来，公益捐赠事业是世界各国进行社会资源再分配的重要途径之一，也是实现社会保障的重要内容，其发达程度被认为是一个国家文明进步的标志。虽然我国的慈善事业起步较晚，但近年来也获得了长足发展，尤其是在互联网技术的支持下，互联网公益平台也逐步成长，进一步带动了慈善捐赠的增长。从捐赠总额来看，虽然有所波动，但总体呈现上扬趋势。然而，从捐赠者结构来看，我国现有的捐赠还是以企业大额捐赠为主，个人捐赠则占比极小，呈现了捐赠者结构不合理的态势。

本章将介绍我国慈善捐赠的发展历程，概述我国捐赠者结构现状，并分析其存在的主要问题及成因。通过本章的概述，帮助读者了解我国捐赠者结构现状，理解促进个人参与捐赠并形成生活常态的必要性和迫切性，为后续实证研究打下良好的基础。

1.1 我国慈善捐赠的发展历程

慈善（Philanthropy）归根结底是帮助需要帮助的人，它不仅给人类社会带来可观的经济利益，而且带来了重要的社会福利（Kotler，1979；Wiepking 等，2021）。慈善作为社会资源的第三次分配，有利于调节贫富差距，优化资源配置并促进社会良性运行（郭健，2009），实现社会保障，其发达程度被认为是一个国家文明进步的标志（张晓玉，2008）。其所发挥的作用是市场机制和政府调节无法取代的。同时，树立良好的社会慈善意识，有助于平息社会矛盾，提升公民责任感，建立和谐社会。因此，世界各国都非常重视慈善捐赠的发展，并呼吁学术界关注这一社会问题，通过理论与实证研究不断地促进慈善捐赠的良性发展。

1.1.1 我国慈善捐赠的三个历史阶段

我国慈善事业可以追溯到古代，当时主要的形式是政府赈灾救济、宗教施舍与帮助以及民间捐助与互助等。新中国成立至今已逾 70 年，我国慈善捐赠也经历了三个主要历史阶段①。

第一个阶段是 1949—1978 年，新中国百废待兴，此时

① 中华人民共和国民政部（2019）. 从中国慈善走向慈善中国的 70 年，2023 年 11 月 15 日摘自 http://smzt.gd.gov.cn/mzzx/qgmz/content/post_2640917.html.

的慈善类型和事件也与国家命运息息相关，例如社会救济和文物捐赠等。

第二个阶段是1978—2008年，随着改革开放政策的提出与落实，我国慈善事业也开始蓬勃发展，从管理机构的建立到政策制定、非营利组织成立以及各项公益事件和活动的开展，我国慈善事业获得了蓬勃发展。

第三个阶段是2008年至今，伴随着互联网技术和应用的爆发式增长，社交媒体传播和网络公益平台迅速发展，带动了我国慈善进入全民慈善时代。因第一个历史阶段的慈善尚不具备规模，本书所关注的慈善捐赠集中于1978年至今的两个历史阶段。

1.1.2　我国慈善捐赠取得的典型成就

在1978年至今这四十余年的慈善发展中，我国慈善事业在管理机构建设、法律政策制定以及慈善组织建立等方面都取得了重要成就。以下是本书撷取的一些典型性成就①（详细资料请见附录1）：

（1）管理机构设立

1978年5月，中华人民共和国民政部召开了第一次党

① 根据如下资料进行整理：（1）搜狐网（2018）. 1978－2018：中国公益慈善40年大事记，2023年11月15日摘自 https://www.sohu.com/a/283646634_99909501；（2）公益时报（2020）. 我国公益事业捐赠政策的变迁，2020年8月4日；（3）中国新闻网（2021）.《慈善蓝皮书》2020年度中国十大慈善热点事件出炉，2023年11月15日摘自 https://baijiahao.baidu.com/s?id=1693673016585182478&wfr=spider&for=pc；（4）自大成教育图书馆（2022）. 新中国70年公益慈善简史，2023年11月15日摘自 http://www.360doc.com/content/22/1005/17/31655491_1050585088.shtml；（5）人民政协网（2022）. 2021年度中国十大慈善热点事件发布，2023年11月15日摘自 https://www.rmzxb.com.cn/c/2022-01-18/3030860.shtml；（6）《慈善蓝皮书》2019、2020、2021。

组会议，开始对我国慈善行政事务进行管理。2019 年，民政部新设慈善事业促进和社会工作司（简称“慈善社工司”）。该司的设置有利于加强慈善社工工作的顶层设计、整体规划和统筹协调。

（2）非营利组织成立

我国非营利组织又被称为“慈善组织”，主要包括两类，一类是政府设立组织，另一类是民间组织。政府设立组织成立在前，民间组织发展在后。民政部在 1978 年恢复设立后，先后批准成立中国儿童少年基金会（1981）、宋庆龄基金会（1982）、中国残疾人福利基金会（1984）、中国青少年发展基金会（1989）等，这些都是政府设立的慈善组织。

从 1994 年开始，民间慈善组织陆续成立，如中华慈善总会（1994）、自然之友（中国文化书院·绿色文化分院，1994 年）、壹基金（2007）、腾讯公益（2007）等。其中中华慈善总会从成立之日起就明确要走出一条慈善组织独立发展的道路。中华慈善总会的成立，标志着现代慈善理念开始在中国树立。

（3）政策法规的颁布

从 1982 年至今，我国政府一直致力于规范和加强对慈善组织的管理，促进慈善事业稳步向前发展。我国慈善政策和法律法规的建设也是一个逐步发展完善的过程。在第五届全国人民代表大会第五次会议上通过的《中华人民共和国宪法》明确规定了公民结社权（1982），第六届全国人民代表大会第四次会议上通过的《中华人民共和国民法通则》明确规定社会团体法人是四类法人之一（1986）。在此基础上，我国政府先后颁布了管理条例、法律以及制度，使我国社会治理和慈善事业有法可依，也促进了社会组织健康有序发展。主要内容如下：

1999 年 6 月，第九届全国人民代表大会常务委员会第十次会议通过了《中华人民共和国公益事业捐赠法》。

2004 年 2 月，国务院第 39 次常务会议通过了《基金会管理条例》。

2004 年 8 月，财政部发出关于印发《民间非营利组织会计制度》的通知，中国民间非营利组织的财务管理开始有法可依。

2004 年 9 月，中国共产党第十六届中央委员会第四次全体会议通过了《中共中央关于加强党的执政能力建设的决定》，新中国成立以后第一次将慈善事业写入中共中央文件。

2005 年 3 月，第十届全国人民代表大会第三次会议上的《政府工作报告》中，首次出现了“支持发展慈善事业”，这是慈善事业第一次被写入政府工作报告。

2016 年 3 月，第十二届全国人民代表大会第四次会议通过《中华人民共和国慈善法》，并于同年 9 月 1 日实行。这是中国第一部国家层面基础性、综合性慈善法律，开启了中国民间与政府同为社会筑底的慈善法治时代。

2016 年 4 月，我国颁布《中华人民共和国境外非政府组织境内活动管理法》，2017 年 1 月 1 日实行。

2017 年 8 月，国务院颁布行政法规《志愿服务条例》，对志愿服务的基本原则、管理体制等作了全面规定，标志着我国志愿服务事业步入了法治化发展轨道。

2021 年 3 月，全国人民代表大会常务委员会正式决定启动《中华人民共和国慈善法》修订工作，并于 3 月 26 日由全国人民代表大会社会建设委员会组织召开《中华人民共和国慈善法》修订工作专家座谈会。

2022 年 11 月，党的二十大报告明确指出，要“引导、支持有意愿有能力的企业、社会组织和个人积极参与公益慈善事业”“建设人人有责、人人尽责、人人享有的社会治理共同体”，为新时代我国公益慈善事业的发展指明了方向。

(4) 重要公益慈善事件

从1978年慈善公益在我国开始复苏以来，涌现了很多公益事件，直接或者间接地推动了我国慈善事业的发展，敦促法治建设、慈善组织的有效管理以及公益项目的创新等。这些标志性事务包括：第一，慈善项目，如希望工程(1989)、腾讯99公益日（2015)、蚂蚁森林（2016)；第二，重大事件，如长江抗洪抢险（1998)、印尼海啸(2004)、“5·12”汶川地震（2008)、2008北京奥运会以及尼泊尔地震（2015)[①]。

1.2 我国慈善捐赠者结构现状

从全球的慈善事业看，中西方慈善事业发展轨迹及状况有很大不同。西方国家的慈善事业发展已较为成熟，具有个人参与、慈善组织为运营主体，税法和立法为保障等特点。他们的公益捐赠事业在运作方式和运行规范方面都较为成熟，相关的理论体系研究和实践应用也比较完善（Hogg,

① 除了对捐赠的影响外，汶川大地震和北京奥运会普及了志愿精神、拓展了社会的志愿服务认知、推动了公民的志愿行动、触动了志愿服务管理体系的构建，最终在2017年推动《志愿服务条例》出台与实施。

2018；Wiepking 等，2021）。而由于受到历史、文化、宗教和经济等因素影响，中国的慈善事业起步较晚。尽管近些年获得了快速发展，仍与西方慈善在参与者、运营机构等方面存在很大差异。我们下面将用两组分别来自我国慈善捐赠发展历程上的第二个时期（1978—2008 年）和第三个时期（2008 年至今）的数据，对比同一阶段的中美两国的捐赠者结构上存在的差异，并由此提出我国捐赠者结构现存的主要问题。

1.2.1　2007—2009 年慈善捐赠数据

第一组数据来自于我国慈善捐赠发展的第二个时期（1978—2008 年）。具体而言，本书选择了 2007—2009 年慈善捐赠数据来进行对比，主要原因是我国慈善捐赠无论规模还是个人捐赠额占比在这一时期都获得了长足发展。2008 年我国重大自然灾害频发，激发了中国社会各界空前的慈善捐助热潮，使 2008 年被称为"中国民间公益元年"[①]。因此，本书选择 2008 年及其前后两年的数据进行分析，具有一定的代表性和必要性。与此同时，对美国慈善捐赠也选择了相同时间区间的数据，但由于美国的年度慈善数据变化不大，为了避免冗余，本书仅对比了美国 2008 年慈善捐赠数据。

（1）美国慈善捐赠数据

从捐赠规模与个人捐赠占比来看，2008 年美国全国的慈善捐赠总额是 3076.5 亿美元，占国内生产总值（GDP）

① 搜狐网（2018）. 1978—2018：中国公益慈善 40 年大事记，2023 年 11 月 15 日摘自 https://www.sohu.com/a/283646634_99909501.

的2.2%；其中个人捐赠占75%，遗产捐赠占7%，两项合计达82%，仅仅是个人遗赠（226.6亿美元）就超过所有美国企业捐赠总额（145亿美元）[①]（《公益时报》，2009）。以上数据显示，普通公众和家庭捐赠是美国慈善捐赠事业中的主力军，捐赠是其生活常态（张镇强，2006）。从捐赠范畴来看，美国慈善捐赠事业由政府依法规范和专业组织运作，不仅关注社会弱势群体的贫困问题，还延伸至环保、卫生等公益领域，是现代社会保障体系的构成部分（朱勇、江治强，2007）。

（2）我国慈善捐赠数据

根据中国慈善捐助信息中心发布的《2009年中国慈善捐赠情况分析报告》，2009年全国接收国内外各类社会捐赠款物332.78亿元人民币，其中国内各类企业捐赠总额为131.27亿元，占境内捐出款物总额的58.5%，国内个人捐赠总额为68.27亿元，占境内捐赠总额的23.4%。与美国同时期数据相比，我国慈善捐赠者结构呈现了相反的态势，即捐赠主体多为企业，而个人的参与程度则相对较低。

但纵观2007—2009年慈善捐赠数据，可以发现我国个人捐赠占比出现了巨大的波动。如表1-1所示，2007年我国个人捐赠总额为32亿元人民币，仅占捐款总额的10%，其他90%多来自于企业的大额捐赠。但2008年我国个人捐赠总额达到了458亿元人民币，占当年捐款总额（1070亿元）的54%，增长了44%。然而，2009年的个人捐赠总量和占比均大幅度回落，分别为68.3亿元人民币和23.4%。

① 公益时报（2021）. 2020中国慈善捐赠年度报告，2021年10月30日发布，2023年2月10日摘自 http://gongyishibao.com/newdzb/html/2021-11/30/content_26340.htm。

表1－1　　2007—2009年我国个人捐赠量统计

年份	个人捐赠量（亿元人民币）	占捐赠总额比重（%）
2007	32	10
2008	458	54
2009	68.3	23.4

资料来源：根据《中国慈善捐助分析报告》整理（2023）。

究其原因，是环境因素和突发事件造成了上述态势。如前文所述，2008年中国重大自然灾害频发，激发了中国社会各界空前的慈善捐助热潮，使2008年被称为“中国民间公益元年”。2007—2009年我国慈善数据反映出在特定的环境因素的影响下，我国国民的捐赠意识正逐渐增强，慈善捐赠具备良好的群众基础。

但与此同时，这些数据也说明我国个人捐赠并不稳定，当环境因素的影响逐步消失时，个人捐赠行为也会逐步减少。由于环境因素的不可控性和突发性，他们对个人捐赠行为的影响是暂时的。因此，如何培养个人将“捐赠”视为“生活常态”则成为政府、组织以及学界所关注的问题，同时这也是本书的研究焦点。

1.2.2　2020年慈善捐赠数据

第二组数据来自我国慈善捐赠发展的第三个时期（2008年至今）。具体而言，本书选择了2020年慈善捐赠数据来进行对比，主要原因如下：一是伴随着互联网技术和应用的爆发式增长，以及社交媒体传播和网络公益平台的发展，我国进入全民慈善时代。以腾讯公益基金会的“99公益日”为例，2015年9月9日腾讯公益开启了“99公益日”活动，那天也成为了中国一年一度的全民慈善日，持续创下中国互联网捐赠纪录。2023年9月9日累计1.2亿人次参与了该项目，捐款总额达到38亿元人民币①，被认为是“开启了平民慈善新机制，也在重塑着慈善行业生态”②。二是由于长达三年的新冠疫情的影响，我国捐赠行业出现了巨大的波动，而这种变动并非常态。因此，本书选择2020年数据，一方面可以反映互联网等高科技手段带动的全民慈善，另一方面也避免了疫情带来的非典型性数据的分析偏差。

（1）美国慈善捐赠数据

根据美国施惠基金会（Giving USA Foundation）发布的数据，2020年美国慈善捐款达到4714亿美元，占国内生产总值（GDP）的2.26%，人均捐款为1432美元③。更为重要的是，美国慈善捐赠的主要来源是个人。以2020年的数据为例，个人捐款占捐款总额的68.75%，达到3241亿美元；而同时期的企业捐款则减少至168.8亿美元，占总捐款额的3.52%；其他捐款来源还有基金会（18.99%）和遗产（8.74%）④。与其2008年捐赠者结构数据相比，2020年呈现相同的捐赠者结构，即个人捐赠在西方国家往往是捐赠主力军，是个人生活常态。

（2）我国慈善捐赠数据

与之相比，我国的捐赠事业自20世纪80年代末起步，

---

① 扬子晚报（2023）. 2023年99公益日收官：1.2亿公众参与创新高，2023年11月15日摘自 https://baijiahao.baidu.com/s?id=1776708425020968465&wfr=spider&for=pc。

② 搜狐网（2018）. 1978－2018：中国公益慈善40年大事记，2023年11月15日摘自 https://www.sohu.com/a/283646634_99909501。

③ 洞察．美国公益慈善行业数字化调研报告，2023年3月，https://zhuanlan.zhihu.com/p/618616941。

④ 中国人民大学财税研究所．促进共同富裕的税收制度与政策研究，2022年1月，http://ipft.ruc.edu.cn/yjcg/sdpl/1a9ca20a7edb43df9273e75d14ce03c4.htm。

发展至今每年的捐赠总额已超过2000亿元人民币，但与欧美发达国家相比，我国目前的慈善捐赠规模较小。从捐赠总额来看，2020年我国接受境内外慈善捐赠2253.13亿元人民币，占GDP比重为0.22%；从结构上看，2020年我国的慈善捐赠有54.06%来自企业捐赠，个人捐赠仅占23.26%[①]。与美国相比，我国捐赠总体规模较小，主要依赖于企业捐赠，个人捐赠比例较少。基于此，推动和鼓励普通公众的捐赠行为是我们现阶段捐赠事业发展最亟待解决的问题。

1.3 我国慈善捐赠者结构存在的问题及其成因

1.3.1　我国慈善捐赠者结构存在的问题

通过2008年和2020年两年的数据对比，本书发现相对于西方国家捐赠事业，我国捐赠事业无论是捐赠总额的GDP占比，还是捐赠者结构都存在着巨大的优化空间，其中后者则尤为重要。纵观新中国70多年的慈善发展阶段可以看到，我国慈善长期依赖于政府或政府建立的慈善组织以及企业大额捐赠，其未来提升空间相对有限。相对而言，我国个人捐赠的比例一直不高，但我们通过2007—2009年数据也可以看出，在特殊慈善内容下，如汶川地震的赈灾与灾后重建，

① 中国人民大学财税研究所．促进共同富裕的税收制度与政策研究，2022年1月，http://ipft.ruc.edu.cn/yjcg/sdpl/1a9ca20a7edb43df9273e75d14ce03c4.htm。

我国个人也慷慨解囊送去帮助，2008 年当年的个人捐赠总额首次超过了企业捐赠总额。类似的案例都说明，我国普通公众具有良好的慈善意识，具有巨大的提升空间。

树立良好的社会慈善意识，不仅有利于提升我国捐赠总额，充分发挥其社会资源的调配作用，而且有助于平息社会矛盾，提升公民责任感，建立和谐社会。因此，如何科学地培养个人将“捐赠”变成“生活常态”成为政府、组织以及学界所关注的重要研究问题。基于同样的思路，本书从营销学科出发，旨在关注普通公众的心理因素，了解并发现心理因素对个人捐赠决策的影响，从而提高个人捐赠参与度，形成稳定而持续发展的公民捐赠意识和行为，进而优化我国捐赠者结构。

1.3.2 影响我国个人捐赠决策的主要因素

关于我国普通公众捐赠参与度低的原因有诸多解释和讨论。在现有研究中，来自社会学、心理学、经济学、公共管理和市场营销学科的学者对个人捐赠行为影响因素进行了大量的理论探讨与实证研究，其研究内容主要包括以下三个方面，其中第一类研究探讨了宏观影响因素，第二类和第三类探讨了微观影响因素，其中前者集中于非营利组织募捐策略，后者侧重于个体特征。

(1) 个人捐赠决策的宏观影响因素①

宏观因素又被称为宏观环境因素，包括社会习俗和文化、经济发展、法律法规、技术发展和政治制度等方面。这

① 关于上述内容：请进一步阅读本书第 2 章我国慈善制度背景对个人捐赠决策的影响和第 6 章理论与文献综述。

些研究指出，宏观环境因素对一个国家的慈善事业和个人捐赠行为都产生了深远的影响。正如有学者提出的，如果没有有利的经济、政治和技术环境，中国的慈善事业将不会像现在这样得以发展（Hu 和 Guo，2016；杨方方，2004）。具体而言，叶莹（2006）从慈善传统、社会结构环境、制度安排等制度环境的角度分析了我国个人捐赠较少的原因；Hu 和 Guo（2016）探究政府层面的税收等制度对个人捐赠意愿的影响；Yu 等（2021）通过跨区域研究指出，我国政府资助对非营利组织发挥其服务与主张职能起到了关键作用。

（2）个人捐赠决策的微观影响因素——慈善组织募捐策略①

慈善组织募捐策略属于微观影响因素，其中很多因素都是情境因素，他们作用于捐赠人往往不通过认知过程，因此其影响也被称为助推作用（Kamatham 等，2021；Park 和 Yoon，2022）。例如，如果募捐信息以第三人称叙述（Sepehri 等，2021）、当捐赠行为被视为身份表达（Rifkin、Du 和 Berger，2021）、捐赠者被告知需要对此善举进行义务宣传（Yang 和 Hsee，2021）以及网络公益平台提供较少支付渠道（冉雅璇、牛熠欣、陈斯允，2021）时，会激发更多的个人捐赠行为。此外，现有研究也发现了个人捐赠决策的阻碍因素。例如，当消费者看到同时包含捐赠者相关和与组织相关诉求的募捐信息（Fajardo、Townsend 和 Bolander，2018）时，或者当他们可以选择受捐人时（Ein – Gar、Levontin 和 Kogut，2021），或者当他们收到事前捐赠激励的邮件时（Yin、Li 和 Singh，2020），或者当他们看到高捐赠金额默认

① 关于上述内容：请进一步阅读本书第 3 章我国慈善组织对个人捐赠决策行为的助推措施和第 6 章理论与文献综述。

选项（樊亚凤、蒋晶、崔稳权，2019）时，他们的捐赠行为会减少。

(3) 个人捐赠决策的微观影响因素——个体特征[①]

个体特征是从捐赠人个人特征的角度探究影响消费者亲社会行为的因素和动机，包括人口统计特征，如性别（Salminen 和 Glad，2001）、年龄和收入水平（Randolph，1995）；社会特征，如个人的居住流动性（Wang、Kirmani 和 Li，2021）、社会阶层（Cha、Yi 和 Lee，2020）、社会地位（Vieites、Goldszmidt 和 Andrade，2021）等；价值观，如个人价值观（Sneddon、Evers 和 Lee，2020）、政治价值观（如民粹主义；McAllister 和 Makkai，2021）和文化价值观（如权力距离信念；Han、Lalwani 和 Duhachek，2017；Winterich 和 Zhang，2014）以及心理构成，如个人的控制感（Xu、Kwan 和 Zhou，2020）、个人权力感的影响（姚琦等，2020）、社会比较（郑晓莹、彭泗清、彭璐珞，2015）等。

1.4 本章小结

本章概述了本书所关注的第一个社会问题——我国捐赠者结构优化问题。为了帮助读者更好地了解我国捐赠者结构现状，理解促进个人参与捐赠的必要性和迫切性，本章首先

① 关于上述内容：请进一步阅读本书第 4 章个体特征、财务受限与行为决策和第 6 章理论与文献综述。

介绍我国慈善捐赠的发展历程，接着通过对比我国和美国的两组数据，概述我国捐赠者结构现状，并分析其存在的主要问题，最后对个人捐赠决策的影响因素进行了总结。从捐赠金额总额来看，虽然有所波动，但总体呈现上扬趋势。从捐赠者结构来看，我国现有的捐赠还是以企业大额捐赠为主，个人捐赠则占比极小，呈现了捐赠者结构不合理的态势。因此提升个人捐赠参与度成为必要且重要的研究课题。如本章所述，个人捐赠决策深受宏观因素和微观因素的影响。在后续章节中，为了更好地帮助读者了解研究背景，本书将阐释如下内容。

第 2 章我国慈善制度背景对个人捐赠决策的影响将从宏观视角出发，阐述我国制度背景对个人捐赠决策的影响。针对上述内容，我们采用了定性焦点小组座谈方式进行了论证。

第 3 章我国慈善组织对个人捐赠决策行为的助推措施将从微观视角出发对慈善组织募捐策略作用于个人捐赠决策进行概述，分别从理论视角介绍了国内外捐赠策略影响的研究成果，从实践视角分析我国慈善结构募捐策略的实际做法，以腾讯公益“99 公益日”为例进行阐述。针对上述内容，我们采用文献研究法和案例研究法进行了论证。

第 4 章个体特征、财务受限与行为决策将从微观视角出发，概述影响个人捐赠决策的个体特征，集中于人口统计变量（如个人收入水平）和部分心理变量（如财务受限感），讨论财务受限对经济类和非经济类决策的影响，为理解财务受限和捐赠行为之间关系打下基础。针对上述内容，我们采用了文献研究法和二手资料分析进行了论证。

第 2 章

我国慈善制度背景对个人捐赠决策的影响

制度化（institutionalization）是指“表现在不同制度中的集体所构建的规范、信仰和定义体系，这些体系保证或者规范个人慈善行为的合法性，并由此影响个人捐赠决策的交易成本”（Wiepking 等，2021）。因此，作为“社会建构或人为设计的社会规则”，制度既包括政府等权威机构制定的法律政策因素，还包括源自群体规范的社会因素。遵循制度化研究领域的规范，前者被称为正式制度因素，后者被称为非正式制度因素。除了上述制度化背景会对个人捐赠决策产生重要的影响外，宏观层面的其他因素，如经济发展、科技进步以及政治经济体制等，都会对个人捐赠决策产生重要影响。

基于制度化视角，本章记录了四个制度因素，即政府监管、政府激励、社会规范和群体规范对我国个人捐赠决策的正向影响作用，即慈善制度背景越强，普通公众的捐赠行为往往也会越多。此外，本章还就以下内容进行了深入讨论，包括上述制度因素所反映的我国文化特征以及除制度化 4 个因素以外的其他宏观因素的影响。研究结果不仅推进了慈善研究理论，还为我国慈善政策制定、慈善组织管理和慈善组织运营提供了重要启示。

本章结构如下：首先，从制度化视角出发介绍了研究问题与研究内容；其次，概述了制度化理论和相关文献，并提出了研究问题；再次，本章通过一个定性的焦点访谈了解了我国个人捐赠者对宏观因素作用于捐赠决策的看法；最后，本章概述了研究结论，理论贡献和管理启示。通过本章的概述，读者可以了解我国宏观环境因素对个人捐赠者的影响，理解促进个人参与捐赠的必要性和迫切性，为后续实证研究打下良好基础。

2.1 研究背景

鉴于个人慈善捐赠对个人和社会的重大影响，越来越多的社会学、心理学、经济学、公共管理学和市场营销学的学者们都展开个人捐赠决策的影响因素研究。然而，现有研究大多从微观层面入手，从个体特征或者慈善组织募捐策略两个方面探索其对个人捐赠决策的影响（Cha、Yi 和 Lee，2020；Ein – Gar、Levontin 和 Kogut，2021；Han、Lalwani 和 Duhachek，2017；McAllister 和 Makkai，2021；Sepehri 等，2021；Sneddon、Evers 和 Lee，2020；Vieites、Goldszmidt 和 Andrade，2021；Wang、Kirmani 和 Li，2021；Witkowski，2021；Xu、Guan 和 Zhou，2020；Yin、Li 和 Singh，2020）。相比之下，仅有较少研究（如 Barman，2007；Wiepking 等，2021）关注了影响个人捐赠决策的更为宏大的环境因素。增进对宏观影响因素的理解有助于促进一个国家或社会通过制度化来塑造个人捐赠行为，并以此造福他人和公共利益（Wiepking 等，2021）。基于上述研究背景，本章将通过一个定性焦点小组座谈方法来了解我国制度背景及其他环境因素对个人捐赠决策的影响。

如前文所述，一个国家的慈善制度化背景包括两类因素，一类是政府等权威机构制定的法律政策等正式制度因素，另一类是源自群体规范或社会习俗的非正式制度因素。现有研究发现，这些正式和非正式制度因素可能会促进或阻碍个人捐赠决策（North，1990；Scott，2008；Wiepking 等，2021），其结果会因国家或者文化而有所差异（Tian，2008）。我国具有文化和制度的独特性，且尚未有研究从制度化视角来进行探究，因此了解我国制度化背景对个人捐赠决策的影响具有重要的理论和实践意义。本书提出如下问题：构成我国慈善制度背景的正式和非正式制度因素有哪些？我国慈善制度在促进个人捐赠决策中发挥了什么作用？我国慈善制度背景的独特性又体现在哪些方面？

本章的研究内容具有如下理论和实践意义。首先，我国慈善事业正处于发展阶段，研究制度化背景的影响尤为重要，因为制度化背景，尤其是正式制度因素在一个国家慈善的起步和初步发展阶段起到了重要的指导作用，是捐赠先行者判断其捐赠行为合法性的重要依据（Barman，2007；Scott，2008；Wiepking 等，2021），因此本研究发现对现有慈善制度研究领域具有重要的补充意义。其次，现有研究（如 Wiepking 等，2021；Yu、Shen 和 Li，2021）往往关注西方国家慈善制度背景对其慈善捐赠的影响，鲜有研究挖掘中国慈善制度背景的重要作用，因此本章结论将是对慈善制度化研究领域的一次重要探索和补充。最后，在过去二十年中，中国慈善事业在慈善捐赠总额和个人捐赠占比两个方面都显著增长。根据中国慈善联盟发布的数据，2020 年我国慈善捐赠为 GDP 贡献了 2086 亿元（占比 0.21%），其中个人捐款占总捐款的 25.1%（《中国慈善时报》，2021）。因此关注我国慈善制度背景将具有重要的现实意义。

2.2 理论框架和研究问题

2.2.1 个人捐赠决策的宏观影响因素

在捐赠文献中，捐赠行为经常与慈善、志愿行为、亲社会行为以及利他主义行为等概念互换使用。在本章中，我们采用慈善捐赠来表示个人向慈善组织捐款，被界定为“没有货币或非货币形式的有形即时回报”的活动（Titmuss，1977；Barman，2007）。现有研究探索了宏观因素对慈善捐赠的影响，包括社会习俗和文化、经济发展、法律法规、技术发展和政治制度。然而，与之前微观影响因素研究所呈现出的全面、丰富和系统性不同，现有宏观因素影响的研究则略显混杂。具体而言，已有研究大多倾向于探讨宏观因素对慈善组织或者行业的影响（Barman，2007；Silverman 和 Patterson，2011；杨方方，2004；Yu、Shen 和 Li，2021），研究结果相对丰富多样。例如，杨方方（2004）提出，如果没有有利的经济、政治和技术环境，中国的慈善事业不会有现如今的良好态势。同样，Guo 和 Zhang（2014）发现，政府干预和资助塑造了新加坡的慈善事业。Yu 等（2021）通过一个跨区域研究指出，我国政府资助对非营利组织发挥其服务与主张职能起到了关键作用。相比之下，已有研究对宏观因素是如何影响个人捐赠的研究则极为有限，且相应的研究结论极为零散。该领域的早期研究指出，环境和制度因素决定了个人的捐赠行为（Frey 和 Meier，2004；Martin 和 Randal，2008）。例如，叶莹（2006）从慈善传统、社会结构环境、制度安排等视角分析了我国个人捐赠较少的原因；Hu 和 Guo（2016）探究政府层面的税收等制度对个人捐赠意愿的影响。

近期研究开始强调慈善捐赠发生的制度背景的重要性，并试图了解制度背景对个人捐赠决策的影响。例如，Barman（2007）从制度理论视角出发，指出组织结构决定了筹款人的募捐策略，继而决定了捐助者对其捐款的附加条件。同样，Hogg（2018）探讨了英格兰人和威尔士人对慈善监管的评价。他发现，尽管公众对慈善监管的了解程度较低，但人们认为慈善组织应该受到监管，因为有效监管对保持信任至关重要。值得一提的是，这些研究所关注的慈善制度背景表现在组织层面。最近，Wiepking 等（2021）提出，慈善制度背景也表现在社会层面，并由此直接作用于个人捐赠决策。通过对 19 个国家的 118788 名个人进行了多层次分析，他们发现慈善组织背景较强的国家的个人捐赠意愿更强、捐赠金额更高。根据 Wiepking 等（2021）的研究，制度背景框架包括：一是正式制度因素，即政府相关因素，包括政府监管和财政激励，其中前者被认为对“互动和交易”进行管理，后者被认为是对捐赠者“成本”的降低；二是非正式制度因素，即社会相关因素，包括源于文化和社会培养的规范、禁忌和传统，他们会影响个人行为和选择（Ingram 和 Clay，2000；Mair 和 Hehenberger，2014；Wiepking 等，2021）。

本章将从制度视角出发，探讨我国慈善制度背景的构成及其对个人捐赠决策的影响。因为是一个探索性研究，本章采用了定性范式里的焦点小组座谈，旨在从定性资料中发现影响我国个人捐赠决策的慈善制度背景的构成成分及其作用方式。由此提出第一个研究问题如下：

问题 1：影响我国个人捐赠决策的慈善制度背景的构成成分及其作用方式是什么？

2.2.2　基于文化差异理论探讨我国慈善制度背景

通过与现有研究（如 Hogg，2018；Wiepking 等，2021）的比较分析，本节提出与西方国家相比，影响我国个人捐赠决策的慈善制度背景的构成与作用存在显著差异，而这种差异背后的一个可能解释是文化差异。文化（culture）被界定为是一个群体（一个国家）在一定时期内形成的思想和原则以及反映了该普遍意识的所有活动，这些普遍意识可以用来区别于该群体与其他群体（Hofstede，1991）。由于一个国家的文化会影响其制度框架、行为特征、社会习俗和个人习惯（Tian，2008），并对社会现象赋予意义（Scott，2008），因此从文化差异视角出发来探讨我国慈善制度背景的构成和作用是适合的。

尽管有许多理论可以用来区分中西文化差异，但最广泛采用的是霍夫斯泰德（Hofstede，1980）提出的四维文化维度理论，包括个人主义（individualism）、男性气质（masculinity）、权力距离（power distance）和不确定性规避（uncertianty avoidance）。大量研究通过其中一个或者多个维度来区分国家并挖掘慈善捐赠的跨文化差异。例如，Nelson 等（2006）发现，在男性文化（美国、加拿大）下，男性的帮助行为倾向于受到利己主义诉求广告的激励，而在女性文化（丹麦、挪威）下，女性更有可能受到利他主义诉求广告的刺激。此外，由于中国文化的独特性，霍夫斯泰德（Hofstede，1991；2001）在儒家思想的基础上提出了第五个维度——长期取向（long-term orientation）。长期以来，儒家思想一直被视为指导中国人在个人和组织层面实现完美的伦理和哲学（Redding 和 Wong，1986）。在探索东西方国家个人捐赠决策差异的研究中，其理论解释主要是基于中国儒家思想和西方基督教观点（Tan，2012）。因此，接下来的章节将从霍夫斯泰德（1991；2001）的文化维度理论中的权力距离和儒家思想两个视角出发，阐释我国慈善制度背景的构成和作用。

（1）正式制度因素对我国个人捐赠决策的影响

现有文献显示，正式制度因素（informal institutional factors）是影响个人捐赠决策的关键指标，因为该因素都与政府相关，如法律监管和财政激励，在一定程度上为捐赠行为合法性提供了依据和行动指南（Wiepking 等，2021）。本章也认同我国个人捐赠决策会受到正式制度因素的影响，正如郭健（2009）指出，中国政府采取经济（如免税）、立法（如筹资政策）和行政（如非营利组织注册）政策来监管非营利部门，继而促进个人捐赠决策。

进一步地，因为正式制度因素是政府相关因素，在权力距离文化维度上，我国属于高权力距离信念国家，本章因此提出在高权力距离信念的影响下，影响我国个人捐赠决策的正式制度因素将有别于西方低权力距离的国家，呈现出一定的独特性。具体而言，根据霍夫斯泰德（1991；2001）的文化维度理论，相对于权力距离指数低的国家而言，权力距离指数高的国家，无论在个人、组织还是社会层面都对“等级”观念接受较好（1991；2001）。该信念反映到社会生活中的一个具体例子就是个人能够预期并接受“政府”在商业实践的各个方面发挥重要作用（Paharia 和 Swaminathan，

2019；Song、Jung 和 Zhang，2021），而非营利行业也不例外（Han、Lalwani 和 Duhachek，2017；Winterich 和 Zhang，2014；Xu、Bolton 和 Winterich，2021）。例如，已有研究强调了政府在中国非营利部门中不可替代的作用（Hu 和 Guo，2016；Yu、Shen 和 Li，2021）。还有研究基于对我国 2058 家非营利组织的调查和对 65 名非营利组织高管的深入采访，指出政府资助影响了非营利组织的服务和倡导职能的发挥（Yu、Shen 和 Li，2021）。

本节由此提出，我国个人捐赠者会对政府相关因素存在更广泛更深入的预期。换言之，正式制度因素对我国个人捐赠决策的影响会集中于以下两个方面：一是政府监管不仅局限于非营利组织，还应该监管所有参与者，如媒体、捐助者、受捐人、社会实体等；二是政府不仅提供激励措施，还应该发挥更多的职能，如监督、指导、引导以及鼓励。由此，我们提出了以下两个研究问题：

问题 2：我国慈善制度中的正式制度因素包含哪些内容？

问题 3：我国慈善制度中的正式制度因素是如何作用于个人捐赠决策行为的？

（2）非正式制度因素对我国个人捐赠决策的影响

现有文献表明，非正式制度因素（informal institutional factors）也会对个人慈善捐赠产生显著正向影响（Wiepking 等，2021）。非正式制度因素一般采用社会规范和群体规范两个维度，他们都是从文化和社会习俗长期形成的关于认知和行为的群体性普遍共识，因此他们也将受到我国文化的影响。本节指出，与西方国家的社会和群体规范相比，植根于儒家思想的、影响我国个人捐赠决策的社会和群体规范将存在显著不同。

社会规范。社会规范既被认为是一种对交易的限制和约束，也被认为是赋予社会现象意义的文化透镜（Wiepking 等，2021；North，1990；Scott，2008）。当慈善捐赠符合一个国家的社会规范时，个人捐赠行为会增加（Ariely 等，2009；Kim 和 Vandenabeele，2010；Simpson 和 Willer，2015；Wiepking 等，2021）。在儒家文化中，人们信奉仁慈，仁慈是指人与人之间的友好关系，如合作、共存和相互关爱。更重要的是，在儒家学说中，个人的成功被认为是通过实践仁爱来实现的（Huang，2010）。因此，本节提出社会规范会正向影响我国个人捐赠决策。

群体规范。群体规范是指群体成员对一个行为正确性的共同认识（Wiepking 等，2021；Ingram 和 Clay，2000；Scott，2008）。儒家最重要的学说之一是人们通过建立和维护和谐的社会关系来寻求自我的完整和完美（Huang，2020；Redding 和 Wong，1986）。同时，霍夫斯泰德（2001）的长期导向维度也表明，相比于短期导向文化国家，长期导向国家的人们更倾向于尊重传统，保留“面子”以及履行社会义务。因此，面子、印象、个人形象以及来自他人和社会的认可是中国人在社会交往中关注的重要因素，这些因素决定了他们的行为，包括慈善捐赠（杨方方，2004）。因此，本节提出除了社会规范的影响，我国个人捐赠决策还受到群体规范的鼓励，因为对慈善组织的捐款也是一种社会关系的建设。当群体规范认为给予是社会关系交往中的正确行为时，就会积极作用于个人捐赠决策，捐赠者会希望通过帮助他人而获得社会认可，其范围包括来自自我、受益人、非营利组织、社区和其他普通公众的认可。综上提出如下两个研究问题：

问题4：我国慈善制度中的非正式制度因素包含哪些内容？

问题5：我国慈善制度中的非正式制度因素是如何作用于个人捐赠决策的？

2.3 研究方法：焦点小组座谈

本研究旨在挖掘影响我国个人捐赠决策的制度背景的构成成分和作用方式。为了完成上述探索性研究目的，本研究采用了焦点小组座谈方法，通过对受访人的群访，从个人视角了解影响他们捐赠决策的宏观影响因素。由焦点小组座谈汇总了定性资料，并从中发现影响我国个人捐赠决策的慈善制度背景的构成成分和作用方向。通过参与者在相互学习的同时讨论主要问题，焦点小组座谈能够甄别已有研究的细微差别并发现新模式（Bryman，2012；Hogg，2018）。

2.3.1 受访者选择

受访者的选择遵循了以下两个原则：首先是同质性原则，该原则有助于增加座谈成功的可能性（Merton，1987），本研究采用教育水平和社会经济地位作为衡量样本同质性的指标；其次是代表性原则，该原则有助于提高访谈质量（Merton，1987），本研究采用了所属单位性质和个人年龄作为衡量代表性的指标。综合来看，这四项指标与民政部发布的年度慈善报告中的指标一致。因此，了解他们对影响个人捐赠决策的我国制度背景的构成与作用是恰当的。根据上述原则和指标，本研究邀请了 27 名受访者，进行了四次焦点小组座谈。四个焦点小组座谈的参与者分别来自政府部门（$N=8$）、国有企业（$N=6$）、私营和外资公司（$N=6$）以及大学（$N=7$）。

每场焦点小组座谈开始前所填写的问卷显示，参与者中男性的数量略少于女性（男性 =12 人），但每场座谈中男女比例接近 1∶1；参与者年龄在 22—60 岁，平均年龄 41 岁；所有参与者都具有大学及以上学历，每一次座谈都由具有相似教育背景的个人组成。此外，所有参与者都在过去一年中进行过捐赠，次数在 2—4 次；个人平均捐款金额在 50—1500 元不等，但大部分捐赠金额在 100—200 元。

2.3.2 研究程序和编码

小组座谈概况。2018 年 9—12 月，我们在北京举办了四场焦点小组座谈，其中前三个座谈选择在参与者交通方便的酒店会议室进行，最后一个座谈选择在一所大学进行。四个焦点小组座谈的时间从 2.5 小时到 3.5 小时不等。两名受过训练的研究助理领导了讨论，其中一人担任主持人，掌握座谈的节奏和内容走向，另外一人担任观察员，观察并记录参与者的非语言表达信息（如面部表情和肢体动作）。

座谈程序。四个重点小组座谈采用了相同的研究程序（Bryman，2012），具体包括以下两个阶段。一是填写问卷。所有参与者在抵达时都需要填写一份简短的问卷，汇报个人的人口统计数据和以往捐赠经历。二是进入座谈阶段。参与者就以下问题进行讨论，包括对我国当前慈善事业的总体评价，针对上一年的捐赠经历讨论驱动因素和限制因素，就加强我国慈善制度的前景进行预期以及对我国慈善事业的发展提出建议。在参与者事先同意的情况下，对整个过程进行了录音。

访谈资料编码。首先，音频和记录资料被转录成文本数据形成了文本资料，用于后续的编码和分析。其次，采用扎根理论的三步编码方式，即开放编码、主轴编码和选择编码，对文本资料进行了编码和分析（Corbin 和 Strauss，2008）。在开放编码阶段，我们针对文本资料进行逐句编码，形成了初步分类并进行标签。在主轴编码阶段，我们明确了概念之间的关系。在选择性编码阶段，我们确定了核心概念及其相关模型。同时，我们选择性地寻找可以用于比较和对比的案例（Corbin 和 Strauss，2008）。通过上述编码与分析揭示了个人捐赠者对我国慈善制度背景的态度。

2.4 研究结果

2.4.1 我国慈善制度背景构成

焦点小组座谈的结果揭示了影响我国个人捐赠决策的一系列关键制度因素，包括正式和非正式两种。与已有研究（如 Wiepking 等，2021）类似，正式制度因素是政府相关因素，包括监管和激励；非正式制度因素包括社会规范和群体规范。然而具体到 4 个因素所涵盖的内容，本研究提出我国慈善制度背景具有独特性，反映了中国文化的影响。此外，从这些因素所发挥的作用来看，正式制度因素对我国个人捐赠决策发挥了积极作用；然而非正式制度因素对我国个人捐赠决策却发挥了混合作用——社会规范发挥了积极促进作用，但群体规范发挥了消极阻碍作用。图 2－1 概括了研究发现及其模型框架。

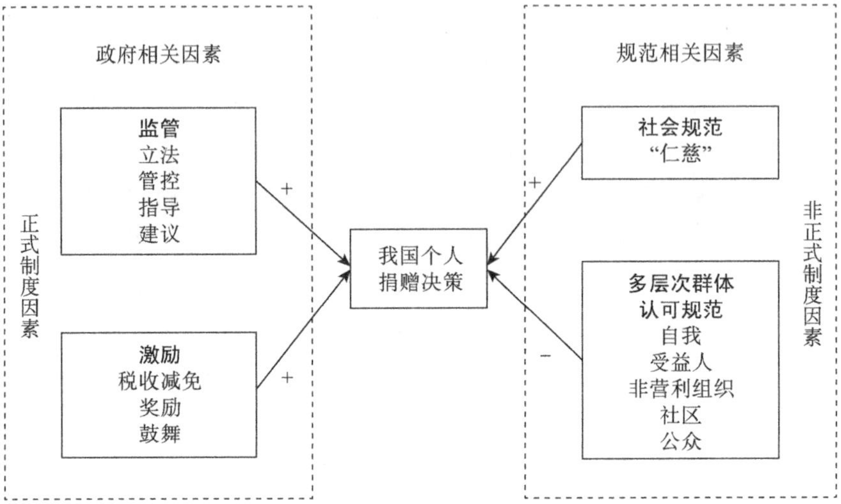

图 2-1 基于本研究发现的模型

2.4.2 正式制度因素构成要素及积极作用

焦点小组座谈的定性资料显示，正式制度因素促进了我国个人捐赠决策，正式制度因素越强，个人捐赠行为越多。影响我国个人捐赠决策的正式制度因素包括监管和激励。尽管这两类因素在名称上与已有研究类似，但每个因素所涵盖的范畴却具有中国特色，是高权力距离文化的重要体现。当政府在慈善事业中发挥主导作用时，我国个人更有可能向慈善组织捐款。

(1) 监管 (supervision)

定性资料显示，受访者认为政府监管对我国个人捐赠决策发挥了积极推动作用，但他们也强调，政府监管不能仅局限于对非营利组织的监管，还应该扩大管理范畴并行使不同职能。具体如下：

第一，受访者认为政府应该在我国慈善事业中发挥监管作用。所有受访者都非常重视政府在慈善事业中的监督作用。例如，一位受访者指出，如果没有支持中国慈善事业的法律法规，中国的慈善事业将不会有目前的形势（男性，31岁）。同样，另一位受访者认为，政府过去几年在促进中国慈善事业方面发挥了主导作用（男性，28 岁）。

第二，受访者认为政府应该在对非营利组织管理中发挥管控作用。例如，受访者认为政府应设立行政办公室，为非营利组织提供足够的支持和指导（女性，45 岁），颁布法律来监管非营利组织（男性，34 岁）以及对慈善组织实行透明化管理（女性，33 岁）。

第三，受访者指出政府应该对媒体和公众行为发挥指导和引导作用。受访者强调媒体和公众也是慈善事业中的重要一环，因此政府也需要对该环节发挥主导作用。正如一位受访者所指出的，媒体在促进慈善捐赠方面发挥了至关重要的作用（男性，39 岁）。然而，现有的媒体宣传缺乏持续性和一致性，正如一位受访者所担心的，媒体对慈善事业的大规模宣传只在毁灭性自然灾害发生时出现，但随后迅速消退，这导致公众对慈善事业的理解非常有限（女性，42 岁）。因此，受访者建议政府应该引导媒体定期报道慈善活动（女性，34 岁）。此外，鉴于社交媒体的蓬勃发展和重要影响力，受访者指出政府应鼓励个人在新浪微博和微信等社交媒体上发布善举来普及慈善意识（男性，24 岁）。

（2）激励（incentization）

定性资料显示，受访者认为政府的激励措施对个人捐赠决策发挥了重要的促进作用，但他们也强调，政府的激励措施不能仅限于财政激励，如减免税收（男性，26 岁），还应当针对善举进行其他形式的激励，如对捐赠金额巨大的个人给予奖励，或保证个人及其善举进入公众视野（女性，33 岁）。

综上所述，当政府在慈善事业中发挥主导作用时，我国个人捐赠行为会得以提升。受访者认为政府的主导作用应该进一步扩大，主要体现于管理范畴的延展和管理职能的多样。上述发现反映了权力距离信念影响了我国公众对正式制度因素的积极态度。

2.4.3 非正式制度因素构成要素及混合影响作用

焦点小组座谈的定性资料显示，非正式制度因素对我国个人捐赠决策发挥了混合影响作用。影响我国个人捐赠决策的非正式制度因素包括社会规范和群体规范，其中前者促进了捐赠决策，而后者阻碍了捐赠决策。尽管这两类因素在名称上与已有研究类似，但每个因素所涵盖的范畴却具有中国特色，是儒家文化和长期导向的重要体现。

（1）社会规范（social norms）

定性资料显示，受访人强调“仁慈”这一社会规范促进了他们的捐赠决策。如前文所述，儒家文化推崇仁慈，并强调个人是通过实践仁爱来实现“完美”（Huang，2010；Tan，2012）。这种仁慈仁爱社会规范对慈善捐赠产生了积极的影响，受访者指出他们提供帮助是因为帮助他人是“正确的事情”（女性，29 岁），他们有“义务”帮助他人（男性，33 岁）以及他们“应该”帮助有需要的人（女性，26 岁）。

（2）群体规范（group norms）

定性资料显示，受访者强调社会交往中“认可”诉求，但指出“认可”诉求这一群体规范阻碍了他们的捐赠决策。如前文所述，中国人在社交活动中非常重视面子、印象管理和个人形象，慈善捐赠作为社会交往的重要内容之一，不可避免地会受到形象考量的影响。由于慈善捐赠以其“纯粹”的利他主义性质而闻名，人们会担心他们的慈善行为因为被社会认可而被归于“不纯”的形象动机，这反过来又会让他们丢脸（Yang 和 Hsee，2021）。因此，尽管受访者报告了一系列与慈善捐赠有关的“认可”，包括被受益人认可（女性，27 岁）、被其他人认可（女性，33 岁）、被慈善组织认可（女性，26 岁）、被所在社区认可（男性，40 岁）以及被自我认可（男性，22 岁），但他们也指出“认可”会产生回火效应。

综上所述，规范相关的非正式制度因素对我国个人捐赠决策发挥了混合作用。当社会规范是“仁慈”的时候，个人捐赠行为被发扬；但当群体规范强调“认可”时，个人捐赠行为会被抑制。上述发现反映了儒家文化和长期导向影响了我国公众对非正式制度因素的矛盾态度。

2.4.4　其他宏观因素对我国个人捐赠决策的影响

宏观因素包括社会习俗和文化、经济发展、法律法规、技术发展和政治制度，其中法律法规、社会风俗和文化已经在慈善制度背景中进行了讨论，从制度视角出发，他们分别是非正式制度因素和正式制度因素。焦点小组座谈的定性资料也显示，除了制度背景外，其他宏观因素也对我国个人捐赠决策起到了重要作用。

经济因素。定性资料显示，我国的经济发展现状对个人参与慈善捐赠产生了不可低估的影响，因为经济发展决定了个人的财富能力（男性，32 岁）。例如，受访者指出经济发达程度低会阻碍个人捐赠决策，如收入较低或者经济不发达地区的农民很难拿出钱做慈善（女性，44 岁），人们在自己的事情没有做好前也没有能力帮助别人（女性，35 岁）。

科技因素。定性资料显示，我国新科技的运用情况也对个人参与慈善捐赠产生了不可低估的影响，因为技术发展增强了个人接触慈善渠道的便利性（男性，22 岁）。受访者指出，网络技术和应用的蓬勃发展促进了捐赠渠道的便利性和信息传递的有效性，因而促进了个人作出捐赠决策，如互联网公益平台在促进个人慈善捐赠上表现极为活跃（男性，21 岁），个人可以使用短信或者手机应用进行捐赠（女性，23 岁），提高了公众的慈善意识，推动了我国慈善事业的发展。

媒体环境。定性资料显示，媒体对个人捐赠决策的作用是不可忽视的。受访者指出，媒体在促进慈善捐赠方面发挥了至关重要的作用（男性，39 岁），对民间慈善组织及其慈善意识的宣传起到推动作用（女性，37 岁）。然而从整体上看，我国媒体对慈善事业的宣传力度不够，一般在重大自然灾害需要募捐筹款时才会进行宣传，导致大部分公众对慈善的了解甚少（女性，42 岁）。此外，受访者表示，公众对媒体慈善宣传的信任程度存在差异，他们更信任官方媒体，如中央电视台（女性，37 岁）。因此，可以看出官方媒体是引领公众慈善意识的关键传播途径，应该发挥其强大的作用机制。

综上所述，经济、技术以及媒体因素对个人慈善捐赠决策都会产生显著影响。但由于我国慈善事业处于发展阶段，慈善制度背景对个人捐赠决策的作用更大。

2.5 研究结论与讨论

从制度视角出发，本研究讨论了我国慈善制度背景对个人捐赠决策的影响。通过四场焦点小组座谈，本研究了解了个人捐赠者对我国慈善制度背景的态度。从慈善制度背景的构成来看，我国慈善制度背景由正式制度因素和非正式制度因素构成，其中前者是政府相关因素，包括监管和激励；后者是规范相关因素，包括社会规范和群体规范。从制度因素的要素来看，受访者认为政府的主导作用应该进一步扩大，主要体现于管理范畴的延展和管理职能的多样；社会规范的要义是“仁慈”，群体规范的核心内容是“多层次认可”机制。从制度背景的作用方向来看，正式制度因素对我国个人捐赠决策发挥了积极促进作用，而非正式因素发挥了混合作用，社会规范发挥了积极促进作用，而群体规范发挥了消极阻碍作用。从文化视角来看，权力距离信念影响了我国公众对正式制度因素的积极态度，儒家思想和长期导向塑造了我国公众对非正式制度因素的矛盾态度。

2.5.1　理论贡献

首先，基于制度视角，本研究探究了我国慈善制度背景对个人捐赠决策的影响，这些发现是对慈善的宏观影响因素研究的宝贵补充。尽管先前的研究考察了社会风俗文化、经济发展、法律法规、技术发展和政治制度等宏观层面因素对慈善事业的影响，但他们大多倾向于讨论这些宏观因素对非营利组织的影响（Silverman 和 Patterson，2011；杨方方，2004；Yu 等，2021），鲜有研究探讨宏观因素对个人捐赠的影响。此外，虽然有一些从制度视角出发的研究，但他们都强调了制度背景对慈善事业或非营利组织等组织层面的影响（Barman，2007；Hogg，2018），但缺乏对制度背景作用于社会层面的讨论。为了推进这些研究领域，本研究将制度理论框架应用于社会层面和个人层面，发现了制度背景对个人捐赠的显著影响，具有重要的理论贡献。

其次，尽管社会习俗和文化、法律法规、政治制度、经济发展和技术发展都是可以用来解释个人捐赠决策的宏观因素，但当前研究的结果表明，每个国家的慈善制度背景的构成和作用方向都是独特的，而文化差异是深层次的原因。本研究的定性资料显示，政府相关和规范相关的因素构成了我国慈善制度背景，他们的作用超过了经济、技术以及媒体环境等因素。更为重要的是，受访者对政府相关的正式制度因素抱有积极态度，反映了中国的高度权力距离信念。同样，受访者对规范相关的非正式因素却显示出矛盾态度，反映了我国儒家文化和长期导向的影响。本研究加深了我们对慈善制度背景及其文化根源的理解，为全球慈善研究领域作出了有益补充。

再次，本研究的定性资料显示出监管和激励是作用于个人捐赠决策的正式制度因素，在构念层面上与已有研究一致（Wiepking 等，2021）。然而，其涵盖的范畴反映出我国慈善制度背景的独特性。受访者不仅认为政府在我国慈善发展中发挥着主导作用，而且他们指出政府的主导作用应该进一步扩大，主要体现在管理范畴的延展和管理职能的多样。与西方研究中正式制度因素专注于政府立法和财政激励职能不同，本研究指出政府应该针对不同的参与者发挥不同的职能，例如针对非营利组织应该发挥管控职能，对媒体和普通公众应该发挥引导职能，对捐赠者应该给予减免税收、奖励以及鼓舞激励等。这些发现一方面和以往文献相同，再次强调了政府在我国慈善事业中不可替代的作用（Hu 和 Guo，2016；Yu 等，2021），另一方面揭示了我国慈善制度背景的独特维度及其相应的文化，丰富了正式制度因素。

最后，本研究的定性资料显示出社会规范和群体规范是作用于个人捐赠决策的非正式制度因素，在构念层面上与已有研究一致（Wiepking 等，2021）。然而，其涵盖的范畴反映出我国慈善制度背景的独特性。本研究受访者表示我国社会规范中的“仁慈”促进了他们的个人捐赠决策，该发现与以往研究结果类似，即在儒家思想的支持下，捐赠者会向慈善组织捐款，以符合慈善和仁爱的社会规范（Huang，2010）。然而，本研究显示的群体规范的影响却与以往研究不同。一是在捐赠这一社会活动中，本研究发现了“多层次认可模型”这一群体规范，通过捐赠获得来自自己、受益人、非营利组织、社区和公众的认可。二是这一群体规范阻碍了他们的个人捐赠决策，因为出于面子、印象管理以及儒家思想的考虑，这些“认可”会将捐赠的纯粹性动机模糊为非纯粹动机，反而失去面子和形象（Yang 和 Hsee，2021）。上述结论揭示了我国慈善制度背景的独特维度及其相应的文化解释，不仅加深了对特定文化背景下非正式制度化结构的理解，而且丰富了个人捐赠动机领域的研究。

2.5.2　公共管理和政策启示

首先，本研究结果揭示了在我国个人捐赠决策的宏观影响因素中，政府的影响超过了其他宏观因素，发挥了绝对主导作用。因此，有必要加强政府在鼓励个人慈善捐赠方面的作用。其次，政府的管理范畴和管理职能应该进一步扩大，不仅对非营利组织发挥监管职能，给予个人捐赠者税收减免激励，还应该引导媒体和公众自觉进行慈善意识普及和慈善宣传，给予大额捐赠者物质或精神奖励以及促进更多的捐赠人及其善举出现在公众视野里。政府相关的正式制度因素越强，个人捐赠行为越多。

其次，研究结果还表明，社会规范和群体规范会影响中国的个人慈善捐赠。在儒家文化中，人们相信仁慈和仁爱，形成了“仁慈”社会规范，继而促进个人捐赠行为。因此，政府和慈善组织可以在宣传材料中增强“仁慈”诉求，以激发个人向慈善组织捐款的动机。从群体规范的角度来看，“获得认可”是一把双刃剑，一方面，“获得认可”根植于儒家文化，人们通过建立和维护和谐的社会关系来寻求自我的完整和完美（Huang，2020；Redding 和 Wong，1986），因此获得来自自我、受益人、非营利组织、社区以及公众的认可非常重要；另一方面，由于慈善捐赠的“纯粹的利他属性”（Yang 和 Hsee，2021），这些认可会将“纯粹”模糊为“不纯粹”。因此，在政府和慈善组织进行慈善活动和宣传时，还是应该就善举给予认可，但是认可方式尽可能避免公开场景，或者通过要求捐赠人发布善举（Yang 和 Hsee，2021）而避免被认为是出于利己动机而进行捐赠。

第 3 章

我国慈善组织对个人捐赠决策行为的助推措施

影响我国个人捐赠决策的因素，不仅包括宏观因素，还包括微观因素。因此，继第 2 章对宏观影响因素（慈善制度背景）的讨论后，第 3 章和第 4 章将分别就影响我国个人捐赠的微观因素进行阐释，其中第 3 章讨论慈善组织募捐策略的助推作用，第 4 章讨论个体特征的深远影响。通过这两个章节的讨论，可以帮助读者了解微观因素对我国个人捐赠决策的影响，理解促进个人参与捐赠的必要性和迫切性，为后续实证研究打下良好基础。

现有文献一致认为，来自慈善组织的募捐策略是影响个人捐赠决策的最为重要的一类微观因素。慈善组织通过采用募捐策略而影响个人的捐赠行为，其背后的理论解释之一就是助推理论。助推（nudging）是指通过改变细微的环境线索引发行为变化，且如果该行为带来了积极效果，就会产生正强化效应，进一步促进该行为的重复发生（Thaler 和 Sunstein，2017）。由此可见，募捐策略的小小变化却能带来可观的行为结果，且这些策略对慈善组织来讲具有高可控性（Bendapudi、Singh 和 Bendapudi，1996）。因此，慈善组织对个人捐赠行为的助推措施成为非常重要的研究课题和实操技巧。

本章的结构如下：首先，基于研究视角概述了慈善组织募捐策略对个人捐赠决策的助推作用；其次，同样基于研究视角概述了我国学者对该主题的研究成果；最后，基于实践视角，以腾讯公益的“99 公益日”项目为例，探讨了我国慈善组织募捐策略的实操和作用。鉴于募捐策略的文献非常庞杂，无法一一涵盖，且有些研究结论对现实指导意义不足，因此本章述评仅集中于近年研究。

3.1 慈善组织募捐策略的助推作用：国外研究述评

慈善组织募捐策略的助推作用是个人捐赠决策研究领域中最为重要的研究分支之一，研究历史比较悠久，研究成果丰富多样，研究结论也较为统一。本章述评集中于近期研究，论述逻辑基于捐赠行为领域中经典的帮助模型（Bendapudi、Singh 和 Bendapudi，1996）。该模型指出，慈善组织会通过控制以下三类前因变量来影响个人帮助行为，包括：信源变量（source variables），如慈善组织形象可信度；信息变量（message varibles），如强调受益人与潜在捐赠者的相似性；请求变量（request variables），如请求帮助时是否涉及金钱。本章将依据上述模型框架进行述评，但由于信源变量跟认知相关，无法产生助推效应，因此本章的述评聚焦信息变量和请求变量两个方面。此外，由于手机和互联网相关技术出现，本章述评还包括信息渠道变量（channel variables）。

3.1.1　信息变量对个人捐赠决策的影响

信息变量是指慈善组织发布的描述募捐需要的信息（Bendapudi、Singh 和 Bendapudi，1996），它的载体可能是广告、招贴以及网站和手机应用页面。关于信息变量对个人捐赠决策助推作用的研究由来已久，极为丰富。本节选择对描述方式、诉求方式和展示方式三类研究进行概述。

描述方式的影响。关于描述方式作用于个人捐赠决策的研究非常微观，例如有研究发现当一个捐献信息采用第三人称而不是第一人称时，捐赠人呈现出更高的捐赠意愿，因为第三人称这种间接诉求方式比第一人称这种直接诉求方式让捐赠人感受到更高的可信度（Sepehri 等，2021）。还有研究发现捐赠信息采用描述性规范时，捐赠人会有更多的捐赠行为，因为描述性规范使捐赠人的感知影响和个人参与度更高（Gugenishvili、Francu 和 Koporcic，2021）。

诉求方式的影响。与早期关注单一诉求或者是对比两个诉求的研究相比，近年来此类研究多侧重于诉求整合及其对个人捐赠决策的影响。例如有研究探索了将希望和悲伤诉求相结合的捐赠信息，他们发现与使用单一希望诉求或者单一悲伤诉求相比，将两者相结合的捐赠信息会引发更多的同情和灵感，继而促使人们在发生人类灾难时进行捐款（Homer，2021）。也有研究探索了不同受助者形象和悲伤诉求相结合的捐赠信息，他们发现，与悲伤诉求相比，将快乐受助者形象和悲伤诉求相结合的捐赠信息会提升捐赠人对捐赠结果的效能感知，继而促进更多的亲社会行为（Septianto 和 Paramita，2021）。还有研究关注了捐赠人和组织相关诉求的整合负面效应，他们发现与捐赠人相关（对比与组织相关）的诉求对捐赠选择的影响更大，而与组织相关（对比与捐赠人相关）诉求对捐赠金额决定的影响较大；但同时提出与捐助者和组织有关的诉求会降低捐款响应率和平均捐款额（Fajardo、Townsend 和 Bolander，2018）。

展示方式的影响。随着科学技术的发展，慈善组织用于展示捐赠信息的方式也出现了大量的创新，这些创新方式的效果引发了学者的关注。例如，有研究关注备选方案的影响，他们发现如果在捐款信息中增加一个不可用的替代方案会增加对剩余可用的筹款活动的捐款（Morvinski，2022）。也有研究侧重个性化推荐的影响，他们发现当消费者收到带有（对比不带有）个性化推荐的慈善广告时，他们的感知自主性会受到损害，继而降低了他们的捐赠意愿（Lv 和 Huang，2022）。还有研究关注是否增加受助者选项，他们发现当潜在捐赠人需要在多个有需要的受助人中选择一个时，他们的乐于助人和公平愿望之间产生了冲突，继而阻碍了捐赠行为（Ein - Gar、Levontin 和 Kogut，2021）。

3.1.2 请求变量对个人捐赠决策的影响

请求变量又被称为捐赠请求，是指慈善组织发布募捐信息时有关金钱、时间或者器官等捐赠物品的描述（Bendapudi、Singh 和 Bendapudi，1996），这也是募捐策略研究领域中非常重要的一部分内容。早期对此的研究集中于捐赠请求的类型或者规模，近年来的研究也开始重视捐赠请求的描述策略。由于早期和近期研究存在一定的差异，本节将早期研究也涵盖进来，便于理解该领域研究发展的历史脉络。

捐赠请求类型和规模的影响。对捐赠请求的研究始于捐赠类型和捐赠规模。我们以金钱捐赠为例，请求类型（type of request）是指慈善组织在筹款时对筹款方式的描述；请求规模（size of request）是指慈善组织在筹款时对金额的描述

(Bendapudi、Singh 和 Bendapudi，1996)。例如，有研究发现，不同的募捐类型，如在街头募捐、挨家挨户捐款等活动中的捐赠人在人口特征上各不相同（Schlegelmilch 和 Tannin，1989）。也有研究指出，在面对面捐款中，如果锚点金额高会有效地提高捐赠数额（Fraser、Hite 和 Sauer，1988）。近期也有研究对比捐赠金额和目标金额的作用，他们发现与目标金额相比，募捐金额对消费者捐赠决策的影响更大；只有当目标金额单独出现在募捐信息中时，它才会影响捐赠决策（Park 和 Yoon，2022）。

捐赠请求描述策略的影响。针对捐赠请求描述的研究大多反映的是框架效应。慈善组织通过对捐赠请求的不同描述方式，继而改变捐赠者感知，从而引导其行为的变化(Wang、Wang 和 Jiang，2022)。例如，有研究对比将捐赠请求描述为“礼物”和“捐赠”，他们发现与将请求陈述为“捐赠”相比，将请求描述为“礼物”，不仅会增加捐赠人的捐款意愿，还会增加他们的实际捐款金额，因为“礼物”描述缩短了感知受益人社交距离（Wang 等，2022）。也有研究对比了义务宣传和自愿宣传的影响，他们发现相比于在募捐请求里提及“自愿宣传”善举，提及“义务宣传”会获得更多的捐款，因为捐赠被认为是出于利他动机的行为，如果是自愿宣传，人们会担心被认为是出于形象动机而进行捐赠，所以他们会较少捐赠。但是如果慈善组织告知捐赠人需要他们进行义务宣传，这种担心就会被对冲，反而提高了捐款（Yang 和 Hsee，2021）。

3.1.3　信道变量对个人捐赠决策的影响

信道变量是指慈善组织发布其募捐信息所采用的方式或渠道。现有文献显示，信道变量对个人捐赠决策产生显著影响，既包括与营销环节的联动效应，也包括所采用媒体的渠道效果。

捐赠信息与营销环节联动的影响。越来越多的慈善组织开始与企业合作进行募捐。从企业的角度来看，这样的合作方式是事件关联营销；从慈善组织来看，这样的合作是一种借助营销环节的募捐活动。学者们试图从营销各个环节发现营销与募捐信息对个人捐赠行为的联动影响。例如，有研究发现募捐信息和品牌角色的联动效应。他们提出购买仆人角色（对比伙伴角色）品牌会增强消费者的主导感，降低他们的同理心，继而削弱他们的捐赠意愿（Ho、Lin 和 Wyer，2021）。也有研究关注募捐信息和消费者奖励的联动作用。他们发现与确定性奖励相比，消费者在收到不确定的奖励后更有可能捐款，因为不确定性奖励减少了捐款带来的心理痛苦（payment pains；Shi、Chen 和 Xu，2021）。还有研究提出募捐信息与价格促销的联动影响。他们发现价格促销增加了消费者对资源的感知，进而提升了他们的捐赠意愿（Zhang、Cai 和 Shi，2021）。

捐赠信息通过不同信道发挥的作用。捐赠信息的发布方式多种多样，有传统的面对面、家庭拜访、活动参与等亲临场景；之后也产生了利用邮政系统进行的直接邮寄方式；近年来更是利用大众媒体发布募捐信息，如电视广告、互联网和手机应用等。现有文献显示，这些募捐信息发布渠道对个人捐赠决策也产生了显著影响。例如，有研究关注移动设备的负面影响，他们指出使用移动设备（对比非移动设备）的捐赠人表现出较少的积极情绪，继而降低他们的捐赠意愿和捐赠金额（Chung 和 Hair，2021）。也有研究关注邮寄募捐信息时是否采用预先货币激励，他们发现出于交换规范和共同规范的考虑，人们更有可能打开并阅读包含预先货币激励的信件，但并不会提高他们的捐赠意愿。换言之，预先货币激励虽然提高了捐赠人响应率，但是降低了募捐信息直邮方式的投资回报率（Yin、Li 和 Singh，2020）。还有研究指出创造性活动的影响，他们发现让潜在捐赠人参与创造性活动会对他们的捐赠行为产生积极影响，因为这些创造性活动会提升自主性和积极情绪（Xu、Mehta 和 Dahl，2022）。

3.2 慈善组织募捐策略的助推作用：国内研究述评

与西方国家相比，我国的慈善事业起步较晚，因而学术界对我国慈善的关注程度和相应的理论与实证研究也略显不足，尤其是针对个人捐赠决策的影响因素研究。本节将摘取早期研究中关于个人决策的影响因素以及近期研究中慈善组织募捐策略的部分进行述评。

早期研究——针对个人捐赠影响因素。早期针对个人捐赠影响因素的研究成果主要集中在以下三个方面。首先，从非营利组织角度展开的营销策略研究，如尹丽（2003）通过对中国青少年发展基金会希望工程案例的研究提出了非营利组织品牌建设和广告宣传对吸引公众捐赠的重要性。其次，从捐赠者视角出发展开的行为和动机研究，但研究数量非常有限，研究范式多为理论讨论，影响因素多为宏观环境因素。例如，唐娟（2004）从理论角度探讨影响公民捐献行为的社会环境因素，认为文化传统、政府介入等因素影响捐赠意愿和水平。叶莹（2006）从慈善传统、社会结构环境、制度安排等制度环境的角度分析了我国个人捐赠较少的原因。刘能（2004）则通过问卷调研的方式对都市地区公众的捐赠行为进行了调查，得出教育程度和个人收入水平是影响我国个人捐赠的两个重要变量。尽管这些研究都得出了有价值的结论，但他们存在一些局限性，如仅从理论角度探讨而缺乏实证数据支持，仅进行描述性分析而缺乏因果关系论证，仅局限于捐赠人个人特质而缺乏心理因素的探讨等。

近期研究——针对慈善组织募捐策略效果。与西方学者相同，在这一时期，中国学者们开始从微观层面和宏观层面研究捐赠行为的影响因素，研究成果显著。其中微观影响因素研究与同一时期的国际研究相似，他们也探讨了慈善组织募捐策略对我国个人捐赠决策的助推作用。例如，有学者探讨了募捐信息框架类型和事件可控性的匹配效应，提出基于调节焦点匹配理论，对不可控事件采用“恢复、重建”类描述，对可控事件采用“改善、提高”类描述，个人捐赠意愿更高（宋文静、陈怡煖、黄韫慧，2023）。还有学者关注道德诉求和劝捐主体社会知觉的匹配效应，他们指出温暖型（对比能力型）劝捐主体与个人人道诉求（对比群体规范诉求）更为契合，有利于提升劝捐效果；温暖型劝捐主体进行个人人道诉求主要通过唤起个人的自我效能而提升劝捐效果，而能力型劝捐主体进行群体规范诉求则主要通过增强个人的反应效能而提升劝捐效果（陈斯允、卫海英、孟陆，2019）。

但我国研究与西方研究也存在不同之处，我国学者还针对互联网公益平台的募捐策略进行了研究，这与我国互联网技术蓬勃发展密切相关，研究具有重要的前瞻性和实效性。例如，有研究关注默认选项的助推作用，他们指出互联网公益平台上设置捐赠金额默认选项会显著影响个人捐赠决策，相比低金额默认选项，高金额默认选项会减少捐献行为，因为高金额默认选项启动了捐赠人的元认知，使他们怀疑募捐信息具有操控动机，继而不再捐赠（樊亚凤、蒋晶、崔稳权，2019）。出于同样元认知的理论背景，有学者提出网络支付渠道的助推作用，他们发现与单一支付渠道相比，互联网公益平台提供多个捐赠支付渠道反而会抑制捐赠金额和意愿，因为捐赠人在元认知被启动时会提升商业化感知和道德怀疑，继而减少对该慈善组织的捐款（冉雅璇、牛熠欣、陈斯允，2021）。

3.3 我国慈善组织的募捐策略

前两节从学术视角概述了慈善组织募捐策略对个人捐赠决策的助推作用，本节将聚焦实践视角，基于腾讯公益“99 公益日”项目这一案例对我国含互联网公益平台在内的慈善组织的募捐策略进行总结，这是对学术研究的一种补充。

3.3.1 我国慈善组织概况

我国慈善组织包括政府设立和民间组织两类，其中政府设立慈善组织始于 1981 年 7 月成立的中国儿童少年基金会（北京），民间组织始于 1985 年 3 月成立的由丁光训主教等中国基督教领袖发起的爱德基金会（南京）。在此后的近 40 年间，慈善组织纷纷成立并成长为重要的公益慈善力量，他们在脱贫攻坚、疫情防控、乡村振兴以及科教文卫、生态保护、应急救援等多个方面都发挥了积极作用。据民政部 2023 年 9 月 12 日在国务院新闻办公室举行的“权威部门话开局”系列主题新闻发布会发布的信息，目前我国登记认定的慈善组织超过1.3万家。虽然横向与美国的上百万家慈善组织相比较少①，但纵向相比可以看出我国慈善组织具有一定增长速度和规模。

根据我国慈善法第8条第2款规定，我国慈善组织包括基金会、社会团体和社会服务机构三种机构类型，其构成和业务范围有所不同。具体而言，基金会是以从事公益事业为目的的非营利组织，例如捐赠等，也被称为慈善组织；社会团体是公民自愿组成并以实现会员共同意愿为目的的非营利组织，如行业协会、学会、促进会、校友会、商会等；社会服务机构是指利用非国有固定资产从事非营利性社会服务的机构，如社工服务机构、农民工法律援助与研究中心（如北京致诚）。

本书侧重于第一种类型的基金会，其中历史悠久的大型慈善基金会有中华慈善总会（1994）、中国残疾人联合会（1988）、中国青少年发展基金会（1989）、中国扶贫基金会（1989）、中国红十字会（1904）、中华环境保护基金会（1993）、宋庆龄基金会（1982）、中国光彩事业促进会（1994）、中国妇女发展基金会（1988）、见义勇为基金会（1993）等。自从2007年腾讯建立腾讯公益基金以来，我国互联网公益平台也获得了长足发展。2019年，民政部把“互联网+慈善”深度融合发展取得的成果称为“中国样本”。根据民政部发布的数据，2017—2021年，我国互联网年捐赠额由25.9亿元增至100亿元左右，平均增速远快于中国社会捐赠额增速；截至2022年9月，民政部指定的30家慈善组织互联网募捐信息平台累计带动网民参与超510亿

① 福布斯中国（2023）. 福布斯2023美国慈善组织百强榜单发布，2023年12月16日发布，2023年12月20日摘自 https：//baijiahao. baidu. com/s?id = 1785451371904022446&wfr = spider&for = pc。

人次①。表 3－1 汇总了民政部指定的 30 家互联网公益平台及其运营主体。

表 3－1　　　　民政部指定的 30 家互联网公益平台

序号	平台名称	运营主体
1	腾讯公益	腾讯公益慈善基金会
2	淘宝公益	浙江淘宝网络有限公司
3	蚂蚁金服公益	浙江蚂蚁小微金融服务集团有限公司
4	新浪微公益	北京微梦创科网络技术有限公司
5	京东公益	网银在线（北京）科技有限公司
6	百度公益	百度在线网络技术（北京）有限公司
7	公益宝	北京厚普聚益科技有限公司
8	新华公益	新华网股份有限公司
9	轻松公益	北京轻松筹网络科技有限公司
10	联劝网	上海联劝公益基金会
11	广益联募	广州市广益联合募捐发展中心
12	美团公益	北京三快云计算有限公司
13	滴滴公益	北京小桔科技有限公司
14	中银公益	北京中银慈善基金会
15	融 e 购公益	中国工商银行股份有限公司
16	水滴公益	北京水滴互保科技有限公司
17	苏宁公益	江苏苏宁易购电子商务有限公司
18	帮帮公益	中华思源工程扶贫基金会
19	易宝公益	易宝支付有限公司
20	中国社会扶贫网	社会扶贫网科技有限公司
21	字节跳动公益	北京字节跳动科技有限公司

① 上观（2023）. 超过 510 亿人次参与互联网募捐！世界又惊了，2023 年 5 月 21 日发布，2023 年 12 月 15 日摘自 https：//export. shobserver. com/baijiahao/html/614810. html。

续表

序号	平台名称	运营主体
22	小米公益	小米科技有限责任公司
23	亲青公益	中国青少年发展基金会
24	哔哩哔哩公益	上海宽娱数码科技有限公司
25	乐善公益	深圳市平安公益基金会
26	360 公益	北京奇保信安科技有限公司
27	中国移动公益	中移在线服务有限公司
28	芒果公益	湖南快乐阳光互动娱乐传媒有限公司
29	慈链公益	佛山市顺德区慈善组织联合会
30	携程公益	上海携程商务有限公司

资料来源：本研究根据民政部信息整理（2023）。

3.3.2 我国互联网公益平台募捐策略：以腾讯公益“99 公益日”为例

我国慈善组织虽然包括社会慈善组织和互联网公益平台两类，但鉴于后者的增速和发展趋势优于前者，且前者也往往采用互联网技术和应用进行公益宣传和慈善募捐，因此本节将摘取我国互联网公益平台募捐策略的案例并进行阐释。具体来讲，本节聚焦腾讯公益“99 公益日”项目并就其募捐策略进行阐释。

（1）腾讯公益及“99 公益日”项目

腾讯公益又被称为腾讯基金会，其全称是“腾讯公益慈善基金会”，2007 年由互联网公司腾讯发起成立，是我国第一家由互联网企业发起的非公募基金会，也是我国第一个互联网公益平台。2015 年腾讯公益响应国家 9 月 5 日“中华慈善日”的号召发起了一年一度的全民公益活动并取名为“99 公益日”。该活动至今已经 9 年，在教育助学、乡村振兴、医疗救助、灾害救援、自然保护以及关怀倡导六个板块都发挥了重要作用，已经成为我国“参与人数最多、影响力最广、场景最多元的全民公益行动日之一”①。

腾讯公益的“99 公益日”活动的目的是唤起社会各界关注、参与公益的热情，鼓励全民参与捐赠活动。为此，腾讯公益采用了一些募捐策略，其中的“配捐”和“小红花”是本节所关注的募捐策略在实践中的具体应用。具体而言，“配捐”策略是前文所述的“捐赠请求”的一种策略，即慈善组织面对捐赠人所表达的捐赠（如捐款）方式。“99 公益日”的配捐始于 2015 年第一届公益日，当时提出的捐赠方式是实行 1∶1 配捐，后将单日配捐额度限制为 999 元。之后的 2016 年，腾讯宣布不再按照 1∶1 进行配捐，而是按照随机比例配捐。到 2022 年“99 公益日”时，腾讯公益发布了 3 亿元人民币的配捐额度；2023 年的额度为 4 亿元。

（2）“99 公益日”配捐策略的助推作用

以 2023 年“99 公益日”为例，具体介绍一下“配捐”这一募捐策略。首先，从配捐额度来看，腾讯公益设立了 4 亿元配捐额度，且强调配捐金额无限制，既可能是 0 元，也可能超过 999 元（见图 3－1）。通过宣布配捐总额度以及随机配捐方式，一方面从经济利益视角促进个人捐赠者理性行为，积极参与公益日活动，换言之，个人每捐赠一笔钱都会有腾讯公益的配捐，投入产出比较高，会引发更多的捐赠行为。另一方面，通过采用“随机”方式，类似于产品销售中

① 澎湃新闻（2023）. 我们“益”起爱，先学新规则，2023 年 8 月 29 日发布，2023 年 12 月 15 日摘自 https://m.thepaper.cn/baijiahao_24415571。

的“盲盒”或者“福袋”，或者促销环节中的“随机奖励”方式，使参与公益日活动具有很强的不确定性和娱乐效果，产生了助推效应。腾讯公益表示，“通过移动化支付、社交化场景和趣味化互动，唤起社会各界关心、参与公益的热情，打造一个全民参与的超级公益日；意在用轻松互动的形式，发动全国数亿热爱公益的网民便捷、快乐、理性参与公益”①。

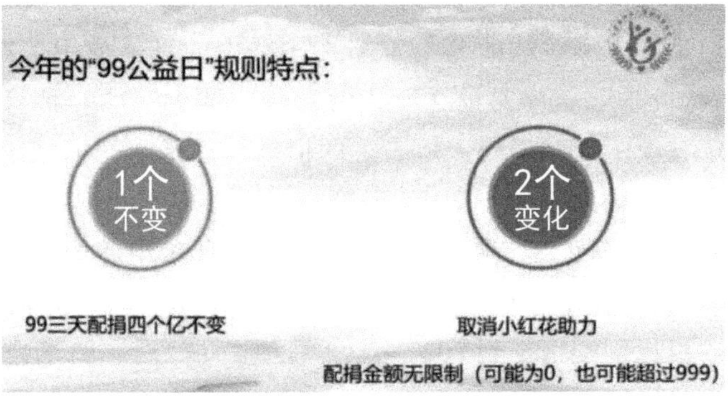

图 3－1 腾讯公益配捐额度和金额限制

资料来源：澎湃新闻（2023）。

其次，从配捐规则来看，腾讯公益还公布了具体的配捐规则及使用方向。如图 3－2 所示，该原则强调了“2023 年 9 月 7—9 日，每天早上 10：00 开始，公益项目收到的每笔不低于 1 元的用户捐赠有机会获得腾讯基金会提供的随机金额配捐，每日配捐金额先到先得，配完即止”②。其中限时（早上 10：00 开始）和限额（先到先得，配完为止）起到了重要的助推作用——从营销视角来看，这些限时限额是基于消费者对“时间受限”和“物质稀缺”会产生积极行为

① https://baike.baidu.com/item/99 公益日/18542626？fr＝ge_ala，2023－12－15。

② 同上。

反馈的一种应用。当消费者遇到购买时间限制、所购商品稀缺时，会产生抢购行为或者囤货行为。用于捐赠场景，我们可以期待当捐赠人遇到早上 10：00 开始配捐且先到先得的情况时，会表现出更多捐赠行为和更高捐赠金额，因为稀缺感促使人们采用更多的行为来弥补不足，详见图 3－2。

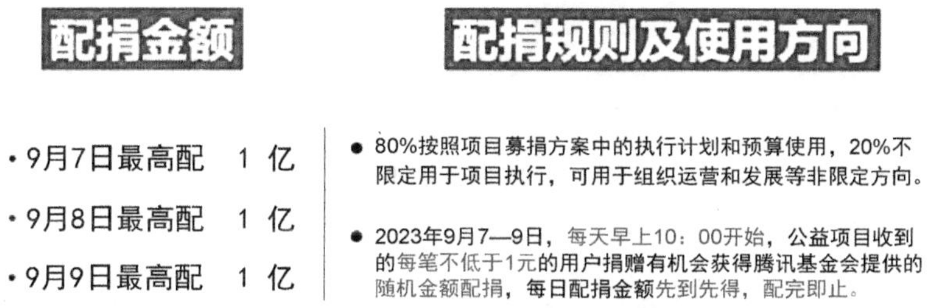

图 3－2　配捐金额、规则及使用方向

资料来源：澎湃新闻（2023）。

最后，从“小红花”公益符号来看，腾讯公益改变了“小红花”的“玩法”。之前“小红花”在配捐中起到的是助力作用，即捐赠人通过集小红花来让配捐金额加倍，其原理在于“集小红花”是一种怀旧因素，是人们小时候“做好事的小红花”的美好记忆，人们对怀旧事物和产品态度积极且易于接受。同时，该策略还融入了游戏元素，人们通过努力获得加倍的配捐金额，参与公益活动的动机就更强。2023 年，“99 公益日”的小红花有了新身份，如图 3－3 所示，小红花发挥了公益身份加成和“一花一梦想”投票。从配捐金额构成来看，小红花所提供的“公益身份加成”独立于“基础配捐”，身份加成不同获得的配捐也不同。因此，人们通过每日益答、捐步、捐出善款三种方式获得小红花，小红花越多身份加成越高，获得配额也越多，还可以将小红花设定为“做好事”微信状态。

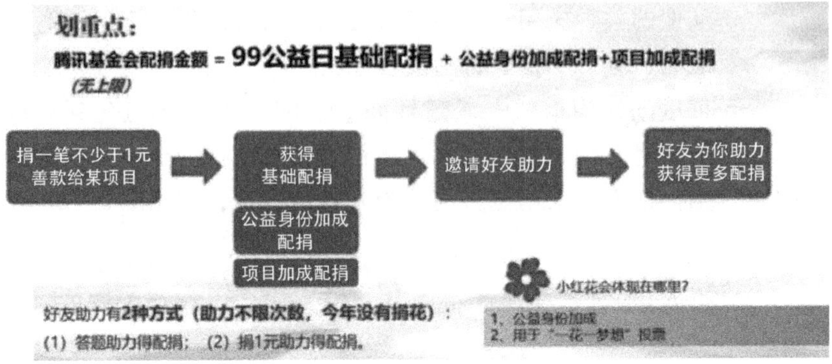

图 3－3 腾讯公益小红花策略

资料来源：澎湃新闻（2023）。

"小红花"策略对个人捐赠决策发挥了助推作用：一是小红花不再局限于配捐助力，而是将"身份"引入捐赠行为决策中，引发更多的捐赠行为。二是"小红花"可以设定为"做好事"微信状态，是对善举的一种肯定，也会促进捐赠行为，同时也发挥了宣传作用。三是公益身份加成越高，配额越高，这与营销领域中忠诚计划类似，消费者对一个品牌的贡献越大，其身份越高（如白金卡会员），获得相应的奖励也越高（如更高的折扣）。另外，"小红花"还是场景化社交的重要体现。

3.4 本章小结

本章从营销个人捐赠决策的微观影响因素入手，对慈善组织的助推策略进行了概述。从理论文献方面，本节介绍了国内外此类研究的研究结论，分类并进行了归纳总结。从实践方面，本节介绍了我国慈善组织及其募捐策略，通过对腾讯公益的“99 公益日”活动的募捐策略（配捐、小红花）的介绍与分析，了解了业界对募捐策略的设计、实施及其效果。理论与实践概述互补，有助于读者全面了解慈善组织对个人捐赠决策的助推，为后续实证研究打下了重要的基础。

下一章将就影响个人捐赠策略的另外一个微观因素——个体特征进行概述。结合本书的核心内容，接下来将聚焦于人口统计变量和部分心理变量，并讨论他们对经济和非经济类决策的影响，有助于理解消费者财务受限与捐赠行为之间的关系。

第 4 章

个体特征、财务受限与行为决策

影响我国个人捐赠决策的微观因素，不仅包括慈善组织募捐策略，还包括个体特征。首先，个人特征是指从捐赠人个人特征的角度探究影响消费者捐赠决策的因素和动机，包括人口统计特征、社会特征、价值观以及心理因素。因此，本章第 1 节基于研究视角概述影响个人捐赠决策的个人特质因素。其次，由于本书所关注的第二个重要社会问题是消费者财务受限及其疏解方式，而财务受限既可以指人口统计特征如收入水平有限，也可以指心理因素如财务受限感，因此第 2 节将聚焦于财务受限，从理论和实践两个视角介绍财务受限的界定、分类以及与经济压力的关系。最后，第 3 节总结了财务受限对经济决策与非经济决策的影响，其中经济决策主要是指钱物交换的消费决策，非经济决策是指一方赠予另一方的捐赠决策。上述 3 节内容为理解消费者财务受限与其捐赠行为的关系打下重要基础。

4.1 影响个人捐赠决策的个体特征

影响个人捐赠决策的个人特征因素主要包括人口统计变量、社会特征、价值观以及心理因素。

4.1.1 人口统计特征对捐赠决策的影响

现有文献显示，捐赠人的人口统计变量（demographics），如性别、年龄、收入、受教育程度、宗教信仰等其他人格特质因素对其捐赠行为都会产生显著影响。

性别对捐赠行为的影响。在所有的文化中都阐述了男性和女性的不同特质和行为规范，而且在众多的亲社会行为中，男女表现也存在差异（迟毓凯，2009），因此性别成为捐赠行为研究中的一个重要的目标变量。然而，从以往的研究成果看，学者们关于性别在捐赠中的作用却存在着诸多的分歧（Salminen 和 Glad，2001）。例如，有研究认为，与女性相比，男性帮助他人的可能性更高（Feinman，1978），但也有研究发现女性要比男性更乐于助人（Bihm、Gaudet 和 Sale，1979）。更有学者提出，性别对于捐赠行为不存在任何影响（Benson、Karabenick 和 Lerner，1976）。尽管存在如此多的争论，但学者们在某些方面还是达成了共识，即无论是男性还是女性，在面对异性时，往往会呈现出较高的帮助意愿（Basow 和 Crawley，1982）。同时，对于男性捐赠人来说，受益人的吸引力对其捐赠意愿产生的影响更明显（Benson等，1976)。此外，还有研究显示，在性别对慈善观念的影响中，消费者的世界观发挥了中介作用（Brunel和Nelson，2000)。

此外，除了研究捐赠人的性别影响，还有学者从受益人的性别角度出发得出一些有趣的结论。例如，有研究发现，不管是男性还是女性，他们都不愿意向具有吸引力的异性寻求帮助；相对于男性，女性得到帮助的机会更多（Eagly和Crowley，1986)。也有研究提出，男性的微笑会更大程度地提升他人的帮助意愿（Vrugt和Vet，2009)，这一现象可能是由女性比男性更易微笑（LaFrance、Hecht和Paluck，2003）所造成的。

其他人口统计变量对捐赠行为的影响。年龄、收入、受教育程度等因素也会对捐赠行为产生影响。例如，有研究显示，随着个人年龄的增长，捐赠额占其财富的比重也在增加；受教育程度较高的群体，其捐赠比例要高于受教育程度较低的群体（Jamens，2006)。引发这样的结果的原因可能是高学历带来了更大的财富和人生观、世界观的升华，使这部分人群有能力且愿意多进行捐赠（郭健，2009)。也有研究发现，年龄、婚姻地位和家庭规模等因素都对捐赠行为产生影响，而其中年龄的影响作用最显著（Randolph，1995)。刘能（2004）以我国都市地区的公民为研究对象，通过问卷调研的方式，筛选出了有可能影响公众未来参与慈善捐赠的可能性的两个重要变量，即受教育程度和个人收入水平。

宗教信仰对捐赠行为的影响。作为西方学者的一个研究重点，个人对于宗教的虔诚程度被认为是影响捐赠意愿的重要因素（Ranganathan等，2008)。从盖洛普（1984）的研究结果可以看到，在美国，占据其全国总人口12%的高度宗教信仰者的群体中，有46%的教徒有过捐助行为；而在没有宗教信仰的群体中，只有22%的人会参与捐赠。同时也有研究也得到了相近的结论，即参与宗教组织的个人相比于那些未参加宗教组织的人，他们的捐赠数额和比例远大于后者（Jamens，2006）。因此，可以看到，学术界一致认为宗教信仰对慈善捐赠行为具有促进作用，这可以从宗教信仰对人们的思想和行为上的影响来解释，即宗教信仰发挥着引导和教化作用，使人们的责任感和道德感增强，从而提升了他们的捐赠意愿（郭健，2009）。而与西方国家相比，我国学术界对于宗教信仰与捐赠意愿之间的关系探讨较少。

个人道德认同对捐赠行为的影响。捐赠意愿受到道德认同（moral identity）、私有导向（agentic orientation）和公共导向（communal orientation）等消费者特征的影响。道德认同即道德在消费者自我认同中的重要程度（Aquino 和 Reed，2002）。Aquino 和 Reed（2002）将道德认同界定为自我调节的构念，即通过与道德自我有关的一系列道德联系建立起消费者和他人的关系。当道德认同在自我认同中相对重要时，消费者会表现出关心他人福利、愿意向他人捐赠等特征（Reed 等，2013）。此外，Baken（1966）研究发现公共导向的消费者倾向于关注他人的福利、对他人表现出同情心，愿意通过捐赠等方式帮助他人；相反地，进取导向的消费者更关注自信和控制力，关注自我，愿意帮助他人的可能性显著低于公共导向的消费者。

4.1.2　社会特征

社会特征（social characteristics）是指一个社会在组织、生产、共同生活、区域界限、连续性和非连续性、自我调节机制等方面表现出来的特征。这些特征是社会共同进化和发展的产物，也是社会的基本特征。社会特征包括文化、组织、生产、共同生活、自我调节、创造和改造等。社会阶层、社会地位以及居住流动性等是典型的社会特征。

Wang 等（2021）基于多种研究方法发现，高居住流动性（或者是具有居住流动性心态）的消费者会更可能为远距离受益人捐赠。他们进一步指出消费者的居住流动性（对比稳定性）使他们具有较强的全球认同，也就是他们会认为他们是世界公民。正是这种全球认同提高了他们对远距离受益人的捐赠意愿。

Vieites 等（2021）基于社会阶层的视角探索其捐赠自愿分配方式。他们发现低社会阶层的消费者更喜欢为紧急原因（如缓解饥饿）捐款，而高社会阶层的消费者则更愿意为非紧急原因（如鼓励文化活动）捐款，其原因在于不同社会阶层的稀缺性经历，使他们对人们未满足的基本需求的内在同情不同，这反过来又塑造了捐赠分配偏好。

4.1.3 价值观

价值观（value）是指个人对客观事物及自己的行为结果的意义、作用、效果和重要性的总体评价，是推动并引导一个人采取决定和行动的原则和标准，是个性心理结果的核心因素之一，它使人的行为带有稳定的倾向性。现有研究从个人价值观、政治价值观以及文化价值观三个方面探讨了价值观与捐赠行为之间的关系。

从个人价值观视角来看，Sneddon 等（2020）基于美国和澳大利亚数据发现，两个国家捐赠人的个人价值观会提升他们的捐款，无论这些捐赠项目是关于环保、动物保护、宗教、国际援助，还是艺术与文化、教育、健康服务、社区或者福利服务以及体育俱乐部。

从政治价值观视角来看，McAllister 和 Makkai（2021）利用 2019 年年中在澳大利亚进行的一项全国选举调查，考察了民粹主义价值观对慈善捐款的影响。结果表明，民粹主义价值观是慈善捐赠的有力预测因素，而那些持有这些价值观的人捐赠的可能性要小得多。在那些选择捐款的人中，慈善的选择也受到民粹主义价值观的强烈影响。这些结果表明，民粹主义价值观在公众中日益重要，这将对慈善捐赠的未来水平和方向产生重大影响。

从文化价值观视角来看，这个领域的研究较为丰富，且近期研究大多从权力距离信念视角进行探究（Han、Lalwani和 Duhachek，2017；Winterich 和 Zhang，2014）。Han 等（2017）通过三个实验考察了权力距离信念与慈善捐赠之间的关系。结果表明，在低权力距离信念的情况下，心理能力高（对比低）的人往往由于更专注于自我（对比专注他人）而不那么慈善。反之，在高权力距离信念的情况下，心理能力高（对比低）的人往往更关注他人（对比自我），这导致他们更慈善。

4.1.4　心理因素

人们在作出任何决策时都会经历一个内心思考的过程，捐赠行为也不例外。而心理因素往往会对行为倾向起到决定性的作用。从消费者心理因素入手的研究成果较为丰富，包括控制感、情绪以及认知。

由于捐赠广告中经常会采用痛苦诉求且痛苦诉求会导致捐赠人的不适而拒绝进行捐赠，Xu 等（2020）因此而研究了如何使用痛苦诉求才能促进消费者的捐赠意愿。他们提出，在消费者面对痛苦诉求前，应该通过不相关任务来提升消费者的控制感，而提升了的控制感可以增强其对痛苦的忍耐程度（痛苦耐受性），继而提升其捐赠意愿。

针对已有文献中提出的“同理心假说”，即在捐赠诉求中使用悲伤等负面情绪可以使人们对捐赠目标产生同理心，从而增加他们的捐赠倾向，Liang 等（2016）则提出了“灵感帮助”假说，指出力量这一积极情绪可以激励人们捐款。他们发现，将积极的力量情绪和消极的悲伤情绪相结合，比悲伤主导或力量主导的情绪更能有效地说服人们捐款。

综上所述，现有研究表明个体特征是作用于捐赠行为的重要微观因素，且此类研究非常丰富。但是相对于其他个体特征因素，个人财务状况对其捐赠行为的影响研究则非常有限，且已有研究结论尚未达成一致。因此，本研究关注了消费者财务状况对其捐赠行为的影响，研究具有重要的理论和实践意义。

4.2 财务受限的界定、分类及其与经济压力的关系

随着科技进步和社会发展，越来越多的人感觉到巨大的经济压力。人们或多或少在某些场合里都表达过“钱怎么老不够花”“我怎么老是那么穷”这样的感受。上述说法的核心内容是财务受限，既包括客观上的财务受限，即“缺钱”，也包括主观财务受限（财务受限感），即消费者对于自身财务状况和消费欲望之间的不平衡状态的一种主观感受（Fan、Jiang 和 Hu，2020；Tully 等，2015）。与客观财务受限所研究的主体是低收入人群相比，主观财务受限（感）现象则更为普遍，且不局限于“穷人”。当人们认为自身财务状况无法满足其预期消费时，人们就会产生财务受限感，也就是我们常说的经济压力。鉴于财务受限感被定义为收入

（如工资、投资收益等）和支出（如固定生活支出、消费需求等）在感知上的不平衡，我们就很容易理解——无论贫穷与富有，人们都会产生财务受限感。因此，关注财务受限感及其缓解机制成为一个重要而有意义的研究课题。

下面我们先通过一组业界数据来说明上述的收支不平衡状态。根据国家统计局2022年发布的经济社会发展成就报告，自改革开放以来，我国居民的收入与支出都呈现了几何式增长，但支出增长远超过收入的增长。据麦肯锡咨询公司中国报告（2014）显示，2012年年收入在6万—22.9万元人民币的中产阶级占所有城市家庭的68%[①]；至2022年，中产阶级的比例将上升至76%，且其中的71%是年收入在10.6万—22.9万元人民币的上层中产阶级[②]。

但与此同时，居民固定支出也呈现了几何式的增长态势，例如房贷、车贷、医疗、教育以及基本生活成本支出等。中国社会科学院在其发布的《中国社会蓝皮书》年度报告（2015）中指出，目前中国城市居民的经济压力普遍存在，其中有超过半数（51.3%）以上的城市居民表示经济压力大，仅有18.3%的居民表示经济压力小。尤其在北京、上海、广州等一线城市，无论是中高收入群体还是低收入群体，人们普遍表示生存压力较大，只是经济压力的来源不同而已。中高收入者的经济压力一般来源于住房，而低收入群体的经济压力一般来源于基本生活成本。中国社会科学院在其发布的《中国社会蓝皮书》年度报告（2022）中指出，受复杂严峻的国际形势和较大的国内疫情防控压力影

---

① 下一个十年的中国中产阶级，麦肯锡公司，2014年3月，摘取自网易新闻，https://m.163.com/money/article/9NQ4N0BV00254TI5.html。

② 2022年76%的中国人跻身中产，你会成为其中一员吗？摘取自新浪财经，https://cj.sina.com.cn/article/detail/5617138457/56378?cre=financepagepc&mod=f&loc=2&r=9&doct=0&rfunc=9。

响，就业、收入增长、社会心态、社会治理等方面的稳定压力增大，城乡居民收入增长速度有所回落，生活消费增长乏力①。同样的情况在美国也存在，近期的一项调查显示，半数以上的美国人被形容成为“财务脆弱”，而其中的四分之一为年收入在 10 万—15 万美元的中高收入家庭（Lusardi 等，2011）。

同时，人们除了要面对巨大的固定支出之外，还要面临着全球消费文化发展所激发的欲望与需求。我国政府连续出台了一系列刺激消费的政策，涉及信息消费、绿色消费、住房消费、旅游休闲消费、教育文体消费和养老健康家政消费等居民生活的方方面面。这些消费政策旨在通过降低消费成本，减轻经济压力，从而刺激居民消费，为经济增长提供新的动力。在多种促进消费的政策之下，消费需求被不断挖掘，消费欲望被不断刺激。一边是普遍存在的经济收入压力，一边是不断被刺激的消费需求和不断上涨的固定支出，人们的财务受限感随之产生并不断增强，成为一种普遍存在的心理状态——虽然客观收入水平显著提高但却主观感受更“穷”。

上述研究背景表明，消费者会经常出现财务受限的状况，可能是客观财务受限，如贫穷、收入低等，也可能是收入限制了预期消费的主观感知，且无论是客观还是主观财务受限，对于消费者来讲，他们都是一种压力，继而会引发负面心理状态。基于这样一个现实背景和潜在的负面效应，本研究关注消费者客观财务受限和主观财务受限感的缓解机制，研究具有重要的现实意义。

---

① 《中国社会蓝皮书》：2023 年要促进经济增长加快恢复，推动居民收入较快恢复增长，2022 年 12 月，https：//export. shobserver. com/baijiahao/html/566695. html。

4.3 财务受限对行为决策的影响

现有文献将决策类型分为经济决策和非经济决策两类，其中前者是指决策涉及了个人损失与利益，如消费决策（保险续约，Johnson、Hershey、Meszaros 和 Kunreuther，1993；车辆购买，Park、Jun 和 MacInnis，2000），后者则指决策所影响的是他人利益（Janoff - Bulman、Sheikh 和 Hepp，2009；Rooji 和 Teppa，2014）。从这一视角来讲，本研究的捐赠决策应属于非经济决策范畴。本节将从上述两个方面梳理财务受限对决策的影响。

4.3.1 客观财务受限对消费者决策的影响

客观财务受限也被称为长期财务受限或财务稀缺。此类研究主要关注世界范围内的贫困，以贫困、低社会经济阶层等人群作为研究对象，探究了长期存在的财务受限对其认知和决策的影响，研究结果大多呈现了负向效应。例如，有研究发现，当个人处于贫困时，他们的注意力会转移到稀缺性最明显的财务资源上，将其视为所有决策的决定性因素，从而在决策时忽略其他方面的因素，导致作出高利息负债等短视决策（Shah 等，2012）。同样，也有研究指出，与那些在富裕环境中长大的人相比，在贫穷环境中成长的人在面临当前压力时的主观预期寿命会更短（Mittal、Griskevicius 和 Haws，2020）。但是同一个研究进一步指出，主观预期寿命作为一种重要的心理机制会直接促成多种消费者决策，包括对长期护理保险的渴望、对退休储蓄的决策以及对长期债券的偏好（Mittal、Griskevicius 和 Haws，2020）。由此可见，虽然长期存在的财务稀缺感对个人认知与决策产生了负面影响，但也不排除一些正面效应。

这些正面效应往往是出于补偿性动机。例如，有研究发现，童年资源匮乏的人在成年后对明亮的刺激表现出更强的偏好，而这种影响的心理机制是对光明未来的渴望（Wang 等，2022）。也有研究指出，财务资源稀缺的个人有更多的可自由支配的支出，因此他们可以进行更多的可自主支配的支出、借贷和投资，其原因在于他们对未来的看法更加乐观（Gulen、Ulqinaku、Viglia 和 Das，2021）。还有研究发现，对于童年时期社会经济地位较低的消费者来讲，当他们被提醒资源稀缺时，他们在产品选择时倾向于产品的可行性（Wang、You 和 Yang，2020）。此外，有研究指出，经济流动性低的低社会经济地位消费者（即经济停滞的消费者）比其他消费者寻求更多的多样性（Yoon 和 Kim，2018），低收入个人对稀缺信号的反应更强烈（Peschel，2021）。

上述研究成果表明，长期存在的财务受限（稀缺）对消费者认知和行为的影响研究尚未形成一致意见，有些结果甚至相悖。同时，这些已有研究多为长期存在的财务受限（稀缺）对消费者经济决策的影响，鲜有研究探究受限（稀缺）对消费者非经济决策的影响。仅有一篇较为相关的研究是从社会阶级视角来探究其与捐赠分配偏好的影响（Vieites、Goldszmidt 和 Andrade，2022）。他们发现，与非紧急原因（如鼓励文化活动）相比，低阶层消费者更喜欢为紧急原因捐款（如缓解饥饿）；而在高阶层消费者中，这种效果相反。其原因在于，不同社会阶层的生活经历与稀缺性的对比会改变消费者对受益人尚未被满足的基本需求的内在同情，这反过来又会影响其捐赠分配偏好。

4.3.2 主观财务受限（感）对消费决策的影响

主观财务受限（感）也被称为是情境激活财务受限感。此类研究主要关注被情境所激活的消费者财务受限感，主要采用行为学实验的方式，通过外界刺激激活被试的稀缺感知来探究对于消费者决策的影响机制。财务受限感是指消费者认为自身财务状况限制其消费欲望时的感受（Tully 等，2015；Fan、Jiang 和 Hu，2020），既在一定程度上反映了消费者不良财务状况，又强调了现有财务状况对预期消费的限制，是一种相对的、非真实的心理状态，并不等同于绝对的低收入或者贫穷状态。

在消费欲望相同的条件下，低收入的消费者群体财务受限感程度更高；在收入水平相同的条件下，消费欲望强烈的消费者群体财务受限感程度更高。换言之，一旦消费者的预期消费超出其现有财务状况的承受能力，他们就会产生财务受限感。与长期存在的财务受限相比，这种财务受限感是偶发的、多发的，且往往与客观财务状况并不直接相关，还是影响消费者行为决策的重要因素，因此成为现阶段消费者行为领域重要的研究课题。

现有研究表明，财务受限感显著影响消费者的认知、动机以及行为决策，且产生了双刃剑效应。一方面，前人研究发现，财务受限感促进了消费者的行为决策，如提高了对高热量食品的消费（Laran 和 Salerno，2013）、对稀缺产品（Tully 等，2015）或物质商品（Sharma 和 Alter，2012）的偏好以及口碑参与意愿（Paley、Tully 和 Sharma，2019）。另一方面，已有研究也显示，财务受限感会弱化消费者的行为决策，如降低对绿色产品的偏好（Zhang、Ma 和 Guam，

2023)，使多样化寻求倾向增强（Fan、Jiang 和 Hu，2020)，使消费者对价格变得敏感（Ailawadi 等，2001）以及作出规避风险的决定（Haushofer 和 Fehr，2014)。

4.3.3 财务受限对非经济决策的影响

目前此类研究成果相对较少，研究结果也比较分散，尚未形成一致的脉络。目前仅有的一篇研究是针对稀缺心态对自私行为的影响，该研究发现资源稀缺的提醒会激活竞争优势，引导消费者作出提高自身福利的决策（Roux、Goldsmith 和 Bonezzi，2015)。另外一篇较为贴近这个研究领域的研究是从可持续性消费的视角出发，他们发现消费者面临资源稀缺提醒时，如果产品的亲社会（对比个人）利益被强调，他们更可能选择可持续性产品，提升了对可持续性产品的接纳（Goldsmith、Roux 和 Wilson，2020)。

鉴于稀缺心态对消费者非经济决策的影响尚未成熟，存在很多的研究空白和机会，且由于非经济决策也是消费者日常所面临的行为决策的重要组成部分，因此本研究关注这一领域的研究具有重要的理论意义。

4.4 本章小结

从微观视角出发，本章概述了影响个人捐赠决策的个人特征因素，包括人口统计特征和心理因素。在此基础上，本章聚焦财务受限与捐赠决策的关系，指出客观财务受限与主观财务受限感对个人捐赠决策产生重要影响。为了进一步探索这些研究内容，本书第二部分实证研究采用了不同研究范式分别进行解析。

针对消费者客观财务受限，现有文献存在很多分歧，为了进一步厘清这些分歧，同时也为了拓展到非经济决策中，本研究拟从个人收入水平和所在城市所反映出的经济水平来探究客观财务稀缺对消费者非经济决策的影响，研究具有重要的理论拓展意义。具体的理论背景、研究问题的提出以及实证检验请见本书实证研究部分的第 7 章“消费者客观财务受限对捐赠意愿的影响”。

针对消费者主观财务受限感，尽管现有研究结果表明，情境激活财务资源稀缺对消费者认知和行为存在着显著影响，且心理机制不尽相同；但是，鲜有研究探究情境激活财务稀缺对消费者非经济决策（如捐赠行为）的影响。为了拓展该研究领域，本研究提出消费者财务受限感会正向影响其捐赠行为，具体的假设推导与实验验证请见本书第 8 章“捐赠行为对消费者财务受限感的缓解作用”。本研究结果为拓展财务受限与行为决策关系的研究领域提供了全新的、重要的补充。

此外，第 5 章实证研究介绍了研究问题、研究意义与创新点、研究方法以及该部分结构。第 6 章对理论与文献进行了概述。第 9 章就实证研究结论进行了总结，对理论意义和管理启示进行了讨论，对研究局限进行了阐释，并提出了未来研究方向。

第二部分　实证研究

捐赠行为对消费者财务受限的缓解作用

第 5 章

研究背景与研究问题

本书关注捐赠行为对消费者财务受限的缓解作用，提出财务受限的消费者往往会展现更高的捐赠意愿，通过实证研究部分的第 5 章至第 9 章实现上述研究目的。在研究背景部分（见第 1—4 章）的基础上，本章概述了研究背景，从财务受限与捐赠行为两个方向入手讨论了研究课题的重要性和必要性；阐述了研究的理论意义和实践意义；提出了研究目的与研究问题，并讨论了本研究的创新之处；界定了主要研究构念；明晰了研究内容与研究方法；介绍了实证研究的结构。

5.1 研究背景与研究问题的提出

一直以来，公益捐赠事业是世界各国进行社会资源再分配的重要途径，也是实现社会保障的重要内容，其发达程度被认为是一个国家文明进步的标志（张晓玉，2008）和健康民主的基石（Barman，2007）。它不仅带来可观的经济效益，而且对社会福利产生积极影响（郭健，2009；Wiepking等，2021），发挥着政府调控和市场机制所无法替代的作用，因此受到各国政府、组织及学者的高度重视。在欧美发达国家，公益捐赠事业在运作方式和运行规范方面都较为成熟，相关的理论体系研究和实践应用也比较完善（Hogg，2018；Wiepking等，2021），且慈善捐款规模可观，其中个人捐款占捐款总额的四分之三，反映出慈善捐赠在西方国家往往是一种生活常态。与之相比，我国的捐赠事业自20世纪80年代末起步，发展至今也具有一定的规模。但与欧美发达国家相比，我国目前的慈善捐赠规模较小，捐赠者结构存在差异，主要依赖于企业捐赠，个人捐赠比例较少。基于此，如何推动和鼓励普通公众的捐赠行为是我们现阶段捐赠事业发展亟待解决的问题。

关于中国普通公众捐赠行为低参与度的原因有诸多解释和讨论，其中被提及最多的制约因素便是收入水平。一直以来，收入水平被认为是影响个人捐赠意愿最基础的因素，即普通公众只有在财务资源能够客观满足自身日常生活需要后，才会将多余的资源分享给他人。20世纪80年代末我国的捐赠事业起步时，经济发展水平较为落后，人均收入显著低于欧美发达国家，居民生活水平还处于从贫困到温饱的过渡阶段，因此客观财务受限限制了普通公众的捐赠意愿。本研究也认为消费者客观财务受限对捐赠行为产生显著影响。

随着经济的不断发展，我国人均收入保持迅速增长的态势，公众的生活水平逐渐脱离贫困并由小康实现富裕。根据麦肯锡划分的9万—36万元标准，到2030年中国的中产阶级的比例将达到 73%①。随着整体生活水平的提高以及中产阶级比例不断升高，财务资源的绝对性稀缺已不再是制约普通公众小额捐赠行为的决定性因素。然而，由于消费主义文化的兴起以及政府（如供给侧结构性改革）和商家（如新消费概念）对消费的大力激励，大众的消费欲望呈现出迅速膨胀的趋势，导致了普通公众虽然客观收入水平显著提升但却主观感受更“穷”的现象，出现了财务资源的相对性稀缺（财务受限感）。随着近两年的经济增速减缓，经济发展进入新常态，普通公众却不得不抑制消费欲望，进行预防性储蓄和投资，因而加剧了从上（富有）到下（贫穷）的财务受限感。本研究预测，这种相对性的财务资源稀缺感受也将对消费者的捐赠行为产生影响。

基于以上实践背景，探究消费者主、客观财务受限与捐赠行为之间的关系具有重要的理论和实践意义。一方面，该研究对于现阶段鼓励的推广普通公众的捐赠行为具有重要的指导意义；另一方面也是探索捐赠行为对财务受限所引发的负面状态的缓解作用。此外，相对于客观财务受限的影响，主观财务受限感对捐赠意愿的影响及其背后涉及的心理机制更为复杂。因此，在后续的研究设计中，子研究一针对客观财务受限与捐赠行为之间的关系，采用了问卷研究方式；子研究二则探究主观财务受限感与捐赠行为之间存在的因果关系，故采用了实验方法。

---

① 百度（2023）：“我国有 1.09 亿中产阶级，是全球最多的，那有多少钱才算中产?” https：//baijiahao. baidu. com/s?id = 1730587890683401286&wfr = spider&for = pc，2023 - 11 - 15。

5.2 研究意义

5.2.1 理论意义

个人财务状况对消费者行为产生影响的研究由来已久，但是其研究内容和理论视角却大相径庭。早期的研究多从宏观层面入手，如研究经济危机时期消费者的行为表现（Booth，1984），其理论视角也多为经济学或者社会学，研究成果比较丰富。近年来的研究多在微观层面进行探讨，如消费者财务状况对消费选择的影响（Aliawadi 等，2001；Sharma 和 Alta，2012；Tully 等，2015）等，其理论视角大多为心理学和消费心理学，研究成果则非常有限。本研究项目将从微观层面出发，提出消费者财务状况，包括客观财务受限和主观财务受限感，对消费者捐赠行为产生显著影响。具体的理论意义包括以下四个方面。

首先，本研究将财务受限对消费者的心理和行为的影响从经济决策（消费决策）领域推及非经济决策（捐赠行为）领域，研究成果将丰富财务稀缺领域的文献。越来越多的学者开始关注贫穷、资源匮乏、资源稀缺、财务稀缺等状态对个人的心理及行为产生的影响，例如，有研究发现，贫穷会引发个人压力和负面情绪（Haushofer 和 Fehr，2014），阻碍认知发展（Mani 等，2013），或采取短视行为以规避风险（Shah 等，2012）。同样，也有研究指出，这些状态也会对消费者的心理和行为产生影响，如高财务受限感的消费者会减少多样化产品选择（Fan、Jiang 和 Hu，2020），会倾向于独自消费（Malika、Maheswaran 和 Jain，2021），会减低消费乐趣（Dias、Sharma 和 Fitzsimons，2022）等。上述研究成果具有两个主要特征。第一，现有研究成果大多集中于财务受限对个人经济决策（如消费决策）的影响，而鲜有研究探讨其对非经济决策（如捐赠决策）的影响；因此探讨财务受限对消费者捐赠决策的影响具有重要的理论拓展意义。第二，虽然现有研究成果显示财务受限对消费者决策的影响是双刃剑，但其中绝大多数的发现都是财务受限的消极影响；本研究提出财务受限能够提升消费者的捐赠行为这一正面效应，是对财务受限领域研究的有价值的补充。

其次，本研究提出财务受限是影响消费者捐赠行为的重要因素，其结论也有助于厘清财务受限与捐赠行为两者关系。现有文献关于财务状况影响捐赠行为的研究结论存在矛盾之处，有的研究发现财务资源的匮乏抑制了消费者捐赠意愿（Holland 等，2012；Sargeant 和 Woodliffe，2007）；也有研究指出同物质财富充足的消费者相比，物质财富匮乏的消费者更加慷慨和乐于助人，更愿意参与捐赠活动（Piff 等，2010）；还有研究提出消费者的财务资源水平与捐赠意愿呈 U 型关系，即贫困和富裕群体的捐赠规模占收入的比例都显著高于中产阶层捐赠的比例（James 和 Sharpe，2007）。上述研究大多基于消费者客观财务状况来探究其与捐赠意愿之间的关系，且研究结论尚未达成一致。本研究首先将消费者财务状况进行了客观财务受限和主观财务受限的区分，其中前者是基于消费者的实际财务状况、客观收入水平或者是社会阶层，是一种长期状态；而后者并不再将消费者按照贫穷和富有进行划分，避免了刻板印象或者其他因素的干扰，是一种短期且易于被环境因素激发的心理状态。基于上述两种财务受限在本质上的不同，本研究采用了不同的研究设计进行了实证探索，其研究结论有助于厘清现有文献中的分歧，具有重要的理论意义。

再次，本研究从认知心理学视角出发提出了消费者权力状态在财务受限感影响捐赠行为决策中起到了心理解释机制作用，研究结论丰富了权力状态的文献。现有文献中，学者们多将权力状态作为自变量使用，探讨其对消费决策的影响，如权力状态低的消费者更渴望与地位相关的产品（Rucker 和 Galinsky，2008），更容易选择规格较大的产品（Dubois 等，2012），给自身拥有的财产赋予更多的价值（Dubois 等，2011），偏好利己诉求的产品（吴波等，2013），多样化寻求行为更多（Wang 和 Jin，2022），更偏好绿色消费（Zhang、Ao 和 Deng，2019）以及更愿意参与明星代言品牌的口碑传播（Thomas、Fowler 和 Saenger，2020）等。与这些研究不同，本研究关注的是权力状态的中介效应，提出财务受限感会负向影响消费者权力状态，从而启动消费者补偿性动机，消费者为了提升个人权力状态会提升其捐赠意愿。进一步地，以往研究多从同理心和利他动机（Bendapudi 等，1996；Piff 等，2010）、情绪（Isen，1987）以及声誉动机（Bekkers 和 Wiepking，2011）的视角探究消费者的财务资源状况与捐赠行为之间的关系，而本研究从一个全新的视角出发，引入权力状态作为心理机制，本研究将权力状态作为财务受限感和亲社会行为的中介机制提出，具有重要的理论创新意义。

最后，本研究所提出的捐赠行为是缓解消费者财务受限感的一种有效机制，丰富了捐赠行为的社会意义。已有研究指出，权力状态会引发补偿性动机继而影响消费者行为（Rucker 等，2012），如低权力状态的消费者会通过购买身份象征的产品来进行弥补或者补偿（Dubois 等，2012）。基于相同理论背景，本研究提出财务受限感会导致消费者低权力状态，从而启动消费者补偿性动机，继而提升了捐赠行为。换言之，消费者在感受到财务受限的时候，可以通过帮助他人等捐赠行为达到心理上的缓解，拓展了财务受限感的社会意义。

5.2.2　实践意义

我们每个人在不同人生阶段的不同方面都有可能产生财务受限感，不论是长期的不良财务状况，还是短期偶发的收入对预期消费的限制感。因此，研究消费者财务受限感及其缓解机制具有重要的现实意义。同时，本研究提出的财务受限感和捐赠行为之间的因果关系，对于促进消费者个人捐赠行为也具有现实的指导意义。

首先，本研究成果对于缓解消费者财务受限感、提升个人福利和社会福祉具有重要的现实意义。正如前文所述，消费者不仅会面临长期的不良财务状况，也会更为经常地面临短期偶发的主观财务受限感，因此疏解这一负面状态至关重要。根据本研究结果，消费者可以通过帮助他人来弥补财务受限感这一负面状态。因此对于公益慈善组织或者政府管理来讲，可以在经济略不活跃地区，或者是消费者容易产生财务受限感的地区或时间等，加强对慈善捐赠的宣传，一方面可以提升慈善捐赠行为，另一方面可以缓解这些捐赠人的负面状态。无论对于个人福利来讲还是社会总体福祉来讲，都是有益的。

其次，本研究的成果对于慈善公益机构和政府在现阶段更好地了解普通公众的捐赠决策机制，并推广和鼓励捐赠行为具有现实指导意义。根据美国慈善援助基金会（CAF）所发布的世界慈善捐赠指数 2021 年报告，在全球 114 个国家和地区的超过12万民众的调查结果而产生的世界捐助指数中，中国的整体排名为第95位，其中捐钱指数排名第85位、帮助陌生人指数排名第80位、志愿服务指数排名第73位，说明我国公众在帮助陌生人、做义工和向公益慈善事业捐款方面远远落后于世界平均水平①。社会各界认为，导致这一现象的主要原因在于目前中国民众还比较看重自身物质财富的享受，并未能够很好地参与其中。然而本研究从权力状态的视角出发，发现当消费者在关注自身物质财富，甚至主观感知到物质财富相对于消费欲望不足时仍然可能有较高的利他行为、与他人分享资源的意愿。基于本研究的结论，慈善公益机构和政府可以充分抓住这一心理机制，相应制定措施，从而有效地推广和鼓励普通公众的亲社会行为。

再次，根据本研究结论，消费者的财务受限感会显著地负向影响其权力状态，即引发过多的低权力状态，但低权力状态会反之提升消费者的捐赠行为。因此，慈善公益机构和政府在进行慈善捐赠的宣传中，无须回避权力、地位、身份等因素，从而扩展了捐赠募捐诉求元素，为提升消费者捐赠行为提供了可操作的方式。

最后，本研究所提出的边界条件对慈善组织和政府进行捐赠行为的推广具有现实意义。首先是捐赠场景的影响，慈善捐赠机构可以通过开展公开捐赠，或者通过适当给予捐赠人公开致谢或赠送腕带等较为显眼的纪念物品的方式，使消费者的捐赠结果公开可见，让潜在捐赠人感受到因捐赠行为而带来的个人形象地位和权力状态的提升，从而提高其捐赠行为的积极性。其次是感知资源不充分性的影响，慈善捐赠机构需要弱化“资源”的敏感性，由此促进更多的捐赠行为。

① Charities Aids Foundation（2021）：世界慈善捐赠指数报告（2021），https：//zhuanlan. zhihu. com/p/389929284，2023－3－20。

5.3 研究目的、内容与框架

5.3.1 研究目的

本研究旨在探究消费者财务受限对消费者捐赠意愿的影响及其心理机制，具体包括以下四个方面：

第一，基于资源稀缺、财务受限和捐赠行为的理论与相关文献，本研究试图探究消费者客观财务受限与其捐赠行为之间的关系。已有研究结论多样，尚未形成一致结论，因此本研究结果有助于厘清两者之间的关系，并为该关系提供了实证支持。

第二，基于认知心理学、补偿性动机、资源稀缺、财务受限感和捐赠行为的理论与相关文献，本研究旨在探究消费者主观财务受限感对其捐赠意愿的影响。现有对财务受限感和捐赠意愿之间关系的研究较少，因此本研究创新性地提出了两者之间存在因果关系，是一种理论上的创新。

第三，基于权力状态的心理倾向和心理需要理论、成本信号理论，本研究旨在进一步探讨财务受限感影响消费者捐赠意愿的背后机制，包括权力状态的中介作用和捐赠场景、感知他人身份的调节作用，建立起有调节的中介效应理论框架。与现有的捐赠动机文献相比，本研究提出了一个新的理论视角，并通过中介和调节中介模型对该心理动机进行了验证。

第四，基于消费者客观财务受限与主观财务受限感两个不同的分类，本研究将探究其与捐赠意愿之间的关系，研究结果具有重要的现实意义，为现阶段推广和鼓励普通公众进行捐赠提供了行之有效的建议。

5.3.2 研究内容与研究框架

基于上述现实背景与研究目的，本项目关注两种消费者财务受限：一是消费者客观财务受限：二是消费者主观财务受限感。同时提出如下研究问题：消费者客观财务受限是如何影响其捐赠行为的？当消费者感觉到财务受限时，他们会产生什么样的心理反应？这种心理反应又会如何影响其捐赠行为？具体的研究内容与框架如图 5－1 所示。

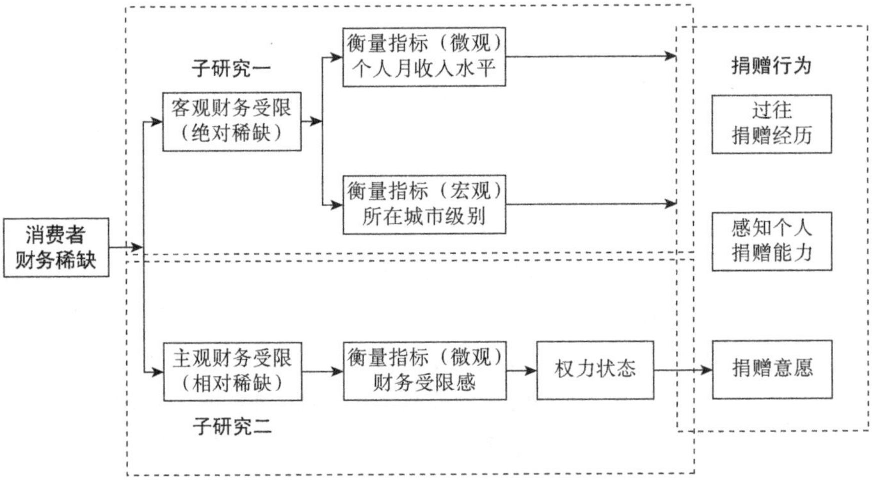

图 5－1　本研究内容与框架

为了回答上述研究问题，本项目将从认知理论、信息处理理论、补偿动机等理论入手，通过整合实证研究方法，对财务受限感及其缓解机制进行探索。研究成果具有重要的理论意义与现实贡献。从理论上来讲，本项目将财务受限与亲社会行为联系在一起，提出亲社会行为是消费者面对财务受限感时的一种应对机制，并从消费者的权力状态视角解释了两者之间的影响关系，研究成果拓展了资源稀缺、权力状态以及亲社会行为研究领域的范畴与深度。从现实的角度来看，在现代社会，经济资源作为人们赖以生存的重要资源，无时无刻不制约着人们的消费选择。虽然目前居民收入普遍呈现增长趋势，但面对日益扩大的消费需求和不断增长的物价，消费者在决策时面临了更大的经济制约。本项目所探讨的捐赠行为是消费者财务受限感的缓解机制解决了目前普遍存在的经济压力或者财务受限感所带来的负面心理状态，对于提高人们的幸福指数和心理健康提供了一定的指导意义。

5.4 主要研究构念的界定

5.4.1 财务受限

财务受限感起源于资源稀缺研究。资源稀缺（resource scarcity）是指社会提供的东西少于人们期望拥有的（Booth，1984），具有两面性。一方面，稀缺具有绝对性，任何社会和时代资源都存在稀缺；另一方面，稀缺具有相对性，资源相对于人的欲望总是稀缺。从有限的自然资源和商品供给到有限的财务资源和时间资源，资源稀缺已经成为人们日常生活中不可分割的组成部分。早期的对于资源稀缺的影响研究多集中在经济学（Walras，1989）、社会学（Booth，1984）以及心理学（Griskevicius 等，2013）；研究成果在不同程度上都反映出资源稀缺会对消费者决策产生显著影响。

按照资源类型的不同，现有营销领域的研究将资源稀缺感划分为财务稀缺（Fan、Jiang 和 Hu，2020；Tully 等，2015）、时间稀缺（Fernbach 等，2015；Malika 和 Maheswaran，2023）以及产品稀缺性（Sharma 和 Alta，2012；Sung 等，2021）等。其中的财务稀缺是本研究的核心内容。财务稀缺也被称为财务受限，包括客观和主观两类。其中客观财务受限反映了消费者不良财务状况，而主观财务受限，即财务受限感，是指消费者认为自身财务状况限制其消费欲望时的感受（Dias、Sharma 和 Fitzsimons，2022；Fan、Jiang 和 Hu，2020；Tully 等，2015）。与现有文献中其他类似的构念，如贫穷、资源稀缺、财务匮乏等相关概念类似，财务受限在一定程度上反映了消费者不良财务状况。但与这些构念不同的是，它强调现有财务状况对预期消费的限制和受限，是一种相对的心理状态（Tully 等，2015），是非真实、非客观存在的状态。每当消费者的预期消费超出其现有财务状况的承受能力，他们就会产生财务受限感。因此，对于消费者而言，财务受限感是相对的、频繁而普遍出现的一种心理感受。

本研究既关注了消费者客观财务受限和主观财务受限感，也探索了其与捐赠行为之间的关系及其心理机制。现有研究显示，财务受限感会通过不同心理路径来影响消费者的经济决策，如消费决策。例如，财务受限感会带给消费者负面情绪，而消费者为了抵消其负面情绪的影响而选择稀缺性物品（Sharma 和 Alta，2012）。同样，感知财务受限的消费者，对生存安全感的需求会更高，因而会减少多样化产品选择，而是偏好更加熟悉的产品（Fan 等，2020）。类似的，感知财务受限的消费者对参与购买相关口碑的预期乐趣会降低，因而会减少与购买有关的口碑参与（Paley 等，2019）。被启动财务受限感的消费者会更关注所购买效用的持久性，从而更偏好功能型而非体验型商品（Tully 等，2015）。尽管现有研究中对财务受限感影响经济行为决策的研究成果颇为丰富，但是将财务受限感与非经济决策如捐赠行为放在一起进行研究的较少。在仅有的文献中，学者们发现资源稀缺会促进人们的竞争导向，进而产生自私自利的行为；但是在慷慨行为可以给个人带来好处的情况下，如捐款可以显示社会地位，资源稀缺也有可能促进其产生慷慨行为（Roux 等，2015）。捐赠行为作为亲社会行为的一种，是人类重要的决策之一，其与财务受限感之间的关系成为非常重要的研究课题。本研究结果将财务受限对行为决策的影响从经济决策拓展到非经济决策领域，是全新且重要的补充。

5.4.2　捐赠行为

捐赠行为是亲社会行为的一种重要形式。亲社会行为（prosocial behavior）是指消费者通过贡献物质资源帮助其他人的自觉自愿行为（Becker，1974），通常也被称为帮助行为（helping behavior）。学术界对于亲社会行为的研究形成了较为完整的体系，对其影响因素和心理机制都有了比较深入的探讨。此领域的研究起步于 20 世纪 70 年代社会学和社会心理学领域针对更广泛的助人行为的探讨。并以捐赠行为作为助人行为的典型案例进行讨论（Schwartz，1975）。自 20 世纪 80 年代起，关于亲社会行为的研究成果则不再局限于社会学和社会心理学领域，诸多跨学科的研究出现在经济学、政治学、管理学和营销学领域。

本研究关注的是亲社会行为中的捐赠金钱行为（以下简

称捐赠行为）的影响因素及其心理机制。从影响因素来看，已有文献提出了四类主要影响因素，包括消费者特征，如道德认同（Reed 等，2007）、公共导向（Bakan，1966）；文化因素，如权力距离信念（Han 等，2017；Winterich 和 Zhang，2014）；社会特征，如居民流动性（Wang、Kirmani 和 Li，2021）、社会阶层（Cha、Yi 和 Lee，2020）和社会地位（Vieites、Goldszmidt 和 Andrade，2021）；慈善组织的募捐线索，如公益广告采用第三人称表达（Sepehri 等，2021）等。本研究基于情境因素，提出财务受限感是捐赠行为一个非常重要的影响因素，是对捐赠行为影响因素的重要补充。从动机来看，现有动机研究包括以下三类：利己或利他动机（Bendapudi 等，1996；Ho、Lin 和 Wyer，2021；Homer，2021）、声誉动机（Bekkers 和 Wiepking，2011；Sanchez 和 Kull，2022；Yang 和 Hsee，2021）以及心理利益动机（Andreoni，1989；Klucarova 和 He，2022；Shi、Chen 和 Xu，2021）。总体来讲，亲社会行为被不同因素影响，也因不同动机而有所不同。本研究提出，权力状态所激发的补偿性动机则是亲社会行为的重要动机，是对捐赠行为动机研究的重要拓展。

5.4.3 权力状态

权力状态（power state）是消费者的一种主观心理状态，是消费者对自身拥有的权力的感受和判断，既包括是否拥有权力的长期知觉，也包括情境因素刺激下产生的短期权力感反应（Rucker 和 Galinsky，2008）。通常来说，消费者的权力状态比实际客观拥有的权力对行为决策的影响更大（Haidt 和 Rodin，1999）。消费者对自我的权力感知存在于生活的方方面面，因此权力状态往往会随着消费者所处的情境而发生变化，有权力和权力缺失的状态很容易被情境因素或者过去的回忆而激活，继而影响其后续决策（Rucker等，2012）。

权力状态对消费者决策的影响在心理学、社会学和消费行为学中都有诸多研究，主要体现在心理倾向和心理需要两个视角。首先，权力状态的心理倾向对消费者决策和行为的影响可以从私有导向和公共导向两个角度来概括，其中私有导向是通过自我保护、主张和膨胀来展现自我的存在，而公共导向是消费者通过在决策中关心别人来展示自我存在（Bakan，1966）。由于私有导向消费者更关注自我而公共导向消费者更关注他人，他们会展示不同的行为结果（Rucker等，2011）。已有研究发现，高权力状态往往伴随着私有导向，低权力状态往往伴随着公共导向（Zhang、Ao和Deng，2019）。其次，权力状态的心理需要是指消费者为了获得特定的与权力状态相关结果的动机或欲望，其中相比于高权力状态消费者，低权力状态消费者会激活补偿性动机（Rucker和Galinsky，2008）。而该动机会激发不同的行为结果，如更偏好在明显部位显露品牌标志的奢侈品（Rucker和Galinsky，2009）或能够传递地位信息的大尺寸产品（Dubois等，2012）等。最后，当权力状态的心理需要被激活且消费者有能力实现补偿性动机时，心理需要的影响优先于心理倾向的影响（Rucker等，2012）。

综上所述，作为一种主观权力感知，短期权力状态受各类因素的影响，可能随时发生变化。当消费者的权力状态发生变化时，会进一步通过心理需要和心理倾向对行为决策产生影响，并且心理需要的影响占主导地位。本研究因此提出，与高权力状态消费者相比，低权力状态消费者的补偿性动机易被激发，继而会采取行为来缓解其心理状态，从而引发更多的亲社会行为。换言之，本研究提出了情境激发下的权力状态在财务受限感影响亲社会行为中发挥了中介作用，具有重要的理论创新意义。

5.5 研究方法

本研究主要采用文献研究法、问卷研究法以及实验法探究消费者财务受限对消费者捐赠意愿的影响及其心理机制。文献研究法旨在通过全面回顾文献寻找研究方向，提供理论基础并提出研究问题与假设，挖掘变量测量方法与操控方式，并指导后续数据分析与研究结果解读；问卷调查方法的目的是探索消费者客观财务现状与其捐赠意愿的关系，因为是探索性研究，因此问卷研究法较为适合；实验研究法的目的在于通过科学规范的实验设计来收集数据，使用合理的统计学方法对数据进行处理，并检验本研究提出的研究模型与研究假设。

5.5.1 文献研究法

文献研究法旨在通过对相关理论和关键变量进行文献阅读和梳理，理解该研究领域的研究现状，为后续提出的研究模型提供理论支持和文献基础。同时，通过归纳现有研究中存在的不足，从理论上提出本研究关注的研究问题（子研究一）和研究假设（子研究二）。

具体而言，本研究通过对资源稀缺、财务稀缺、权力状态以及捐赠行为等研究领域进行了文献搜集、阅读与整理，发现了现有研究存在的不足之处，明确所研究的变量的界定与发展脉络，提出了关注要点与研究目的，并提出了研究问题与假设。总体而言，本研究提出财务受限对消费者非经济决策产生了正向影响，消费者财务受限越大，其捐赠行为越多。就子研究一而言，本研究梳理了消费者财务现状和捐赠行为的相关文献，提出消费者客观财务现状对捐赠行为存在正向影响。就子研究二来讲，本研究梳理了研究模型搭建所依赖的主要理论，包括权力文献和补偿性动机理论，这是支撑关键变量之间影响关系的重要理论基础。基于权力文献与补偿性动机理论，本研究推导并提出了消费者财务受限感对捐赠行为存在正向影响，并探索了可能的中介机制（即权力状态）和边界条件（即捐赠场景、感知资源不充分性）。此外，我们还通过文献阅读整理并总结了子研究一里主要变量的测量方式和子研究二里自变量的操控方式和操控检验题项、中介变量的测量方法、因变量的测量方法以及调节变量的测量和操控方法，以上文献积累是本研究的调查问卷和实验结果有效性的重要保障。另外，通过对统计方法及数据处理方法领域的经典文献进行挖掘、研读和学习，本研究采用了正确的数据处理和统计分析方法，有助于有效回答研究问题，并对研究假设进行了合理检验。

对于本研究来讲，文献研究法具有以下四点益处：第一，文献研究法有助于掌握各变量所在的研究领域的研究现状，发现现有文献中的理论空白之处，寻找研究方向和研究主题；第二，在明确研究方向之后，充分研究关键变量的相关文献能够为后续构建研究框架、提出研究问题与研究假设提供坚实的理论基础；第三，在推导出总结研究假设和研究框架之后，通过参考阅读相关变量的文献可以挖掘合适的变量测量方法，操纵与操控检验方法，为后续开展实证研究做好准备；第四，在进行实证研究后，文献研究的结论有助于对这些研究结果进行解释，发现研究不足，并为未来研究提供主要研究方向。

5.5.2 问卷调查法

问卷调查法是实现探索性研究目的较为有效的实证方法。子研究一关注的研究内容是消费者的客观财务现状与其行为之间存在着何种关系。在梳理现有文献之后，本研究发现现有研究结论尚未达成一致，甚至有些研究结论之间存在着相反的结果。因此，子研究一提出了一个探索性研究目的并提出了相应的研究问题。为了完成该探索性研究目的，且为了增强研究结论的代表性和普适性，本研究采用了问卷调查法。

基于合理的样本选择原则，本研究通过一个全国性问卷对中国公众的财务现状与其捐赠行为之间的关系进行了调研。同时为了增强研究结果的稳健性和交叉验证，在问卷中对因变量和自变量都进行了多种方式的测量。具体而言，针对自变量消费者财务现状（也称为消费者客观财务受限或者消费者绝对财务稀缺），本研究采取了自我汇报的个人月收入水平和相对客观的所在城市级别作为代理变量两种形式。同样的，针对捐赠行为这一因变量，本研究采用了三个变量，分别是过往捐赠经历评价、捐赠能力评价以及捐赠意愿。本研究使用统计软件 SPSS22.0 版本对数据进行了分析，具体的分析方法包括描述性统计、方差分析以及线性回归分析。

对于本研究来讲，调查问卷法具有以下三点益处：第一，调查问卷法适合回答探索性研究问题，帮助发现研究变量之间存在的关系，并为后续因果关系的探究打下基础；第二，问卷调查法可以通过正确的抽样方法获得具有代表性和大规模的问卷数据，使研究结果具有较强的普适性；第三，调查问卷可以采用较为客观的方式和主观方式对变量进行测量，较多的变量测量数量和多样性使调查问卷方法具有较强的操作性和效率，有助于展示研究结果的总体情况。

5.5.3 行为实验法

行为实验法是探索消费者行为及其心理机制所采用的最常见和最有效的一种研究方法，它是指控制住一系列无关变量，通过不同的操控方式仅仅改变自变量的维度或程度，以观测因变量的变化程度的一种科学研究方法。其原理是通过实验操控来精确探究自变量与因变量之间的因果关系，并有效检验其内在的心理机制。典型的实验法通常包含两个小组，一是实验组，二是控制组。实验组是指在实验中接受实验处理的小组，而控制组是指在实验中未接受实验处理的小组。通过比较两组之间的差异，可以观察实验处理是否促成了某种结果变化。子研究二提出了消费者主观财务受限感与其捐赠行为之间存在着正向因果关系，因此采用实验方法是正确的和合理的。

为了验证上述因果关系，本研究采用了实验室和网络两种形式。网络实验的优点是时效性强，参与者具有来源广、背景丰富等多样性，因而实验结果的外部效度更强。但同时，网络实验也存在被试者注意力不够集中、环境等混淆因素的影响等不利因素。为了使实验过程更加干净，被试者注意力更加集中，我们同时也采用了实验室实验的方法。两种方式相结合有助于提升研究结果的内外部效度。同时为了增强研究的效度，本研究采用两种方法来操控自变量财务受限感，并采用不同的实验刺激物来测量消费者的捐赠意愿。此外，针对心理机制，本研究也采用了两种方式进行探索和验证，其一是采用直接测量的方式验证了权力状态的中介作用，其二是提出了调节中介模型，通过分别验证“捐赠场景”和“感知资源不充分性”对权力状态的调节作用来验证权力状态的中介作用。上述实验设计有助于准确地验证假设，得出准确研究结论。本研究使用统计软件 SPSS22.0 版本对实验数据进行了分析并对假设进行了验证，具体的分析方法包括描述性统计、信度分析、方差分析、对比分析以及 Bootstrap 中介效应和调节中介效应分析。

对于本研究来讲，实验法具有以下四点益处：第一，实验法适合检验变量之间的因果关系并验证假设，研究结果具有较强的效度；第二，通过科学而严谨的方法对自变量进行操控，可以有效检验出自变量对因变量所产生的影响，研究结果具有理论深度；第三，针对很多心理变量无法通过直接观察得到，如本研究中的权力状态，实验方法可以通过操控自变量后对随之产生的心理变化进行测量，研究结果可以反映消费行为背后的心理机制，研究结论更为完整；第四，实验法还能够有效控制其他干扰变量，有助于集中探讨主要研究问题，加深理论推进。

综上所述，本研究通过文献研究法整理和回顾相关理论、关键的研究变量以及相关文献，为本研究的研究方向提供了理论与文献支持，为提出研究问题、构建研究框架和推导研究假设部分奠定了理论基础。同时，通过问卷调查法，本研究旨在探索消费者财务现状与其捐赠行为之间的关系（见子研究一，第 7 章）；通过实验法，本研究旨在验证消费者财务受限感对其捐赠行为的提升作用以及权力状态发挥的中介作用和捐赠场景、感知资源不充分性发挥的调节中介作用（见子研究二，第 8 章）。

5.6 实证研究结构

实证研究部分由 5 个章节构成，涵盖了以下内容：

第 5 章研究背景与研究问题的提出。本章主要介绍研究背景与研究问题、研究理论与实践意义、研究内容、目的与框架、主要研究构念的界定、研究方法以及结构。

第 6 章理论与文献综述。本章首先回顾了资源稀缺、财务稀缺、财务受限感、权力与权力状态以及捐赠行为等领域的理论与研究现状，其次界定了本研究所涉及的主要研究构念。最后，对前人的研究成果进行总结，并在此基础上归纳出目前理论研究的不足和矛盾之处，为研究问题的提出打下了基础。

第 7 章消费者客观财务受限对捐赠意愿的影响（子研究一）。本章旨在探究消费者客观财务现状对其捐赠行为的影响。该章节包括了文献综述与研究问题的提出、问卷调查设计、抽样与样本、问卷设计、变量测量、统计分析方法概述以及研究结论与讨论。

第 8 章捐赠行为对消费者财务受限感的缓解作用（子研究二）。本章旨在验证消费者财务受限感对其捐赠行为的提升作用及其心理机制。该章节包括文献综述与假设推导、研究框架与研究设计概览、实验一主效应与中介效应验证、实验二调节中介效应模型检验以及实验三调节效应检验。

第 9 章研究结论与讨论。基于子研究一和子研究二的研究结果，本章首先概括了总体研究结论，然后分别就子研究一、子研究二的理论贡献进行了讨论；随后提出了本研究的管理启示；最后就研究局限性进行了讨论，并提出了未来研究方向。

第 6 章

理论与文献综述

本章围绕财务受限、捐赠行为以及权力状态三个主要构念进行文献梳理和总结。在财务受限部分，追本溯源从资源稀缺文献入手，先后回顾了资源稀缺、财务稀缺、客观财务受限以及主观财务受限感的相关文献，梳理出上述构念对消费者行为决策影响的研究结论，指出现有研究存在的不足之处，并提出本研究针对的是财务受限对消费者非经济决策的影响。在捐赠行为部分，追本溯源从亲社会行为入手，先后回顾了亲社会行为、帮助行为以及捐赠行为的研究现状并进行了总结，随后从消费者捐赠行为的影响因素、动机等方面进行归纳和总结，并提出财务受限是一个重要的环境影响因素，权力状态是一种重要动机。在权力状态部分，本研究从权力的定义出发，归纳出权力具有社会性和主观性两个特点，并从权力的心理倾向和心理需要理论归纳了权力状态对于消费者决策和行为的影响。

6.1 财务受限

财务受限的概念起源于经济学（如 Walras，1989）、社会学（如 Booth，1984）、心理学（如 Griskevicius 等，2013）以及消费者行为学（如 Mullainathan 和 Shafir，2013；Roux 等，2015；Wang、Su 和 You，2021）等领域关于资源稀缺的研究。因此，在下文中首先针对资源稀缺已有文献进行概述（见 6.1.1—6.1.3 节），之后对财务受限的已有文献进行梳理和总结（见 6.1.4 节）。

6.1.1 资源稀缺的界定与分类

资源稀缺（resource scarcity）指的是社会所提供的资源少于人们期望拥有的资源的一种状态（Booth，1984）。资源稀缺具有两面性：一是稀缺具有绝对性，任何社会和时代资源都存在稀缺；二是稀缺具有相对性，资源相对于人的欲望总是稀缺。从有限的自然资源、商品供给、财务资源以及时间资源角度来看，资源稀缺已经成为人们日常生活中不可分割的组成部分。

现有文献根据不同标准对资源稀缺进行了分类。其中较为常见的方式是根据稀缺感产生和持续时间将其分为长期存在稀缺感和情境激活稀缺感两种（Mullainathan 和 Shafir，2013；Roux 等，2015），其中长期存在稀缺感是指个人不良财务状况（如贫困），而情境激活稀缺感则是个人因为某个环境线索而被激发的主观感受。无论是前者还是后者，现有研究都表明，他们都不可避免地对个人行为以及消费决策产生显著影响（Laran 和 Salerno，2012；Mehta 和 Zhu，2016；Park、Lalwani 和 Silvera，2020；Roux、Goldsmith 和 Bonezzi，2015；Shaddy 和 Shah，2022；Shah 等，2012；Yang 和 Zhang，2022）。例如，有学者关注长期存在稀缺感，他们以贫困群体作为研究对象探究了贫穷对个人决策的影响。他们发现，贫穷的人的注意力会转移到稀缺性最明显的资源上（如钱）并将其视为所有决策的决定性因素，从而在决策时忽略其他方面的因素，导致作出高利息负债等短视决策（Shah 等，2012）。同样的，也有学者关注情境激活稀缺感，他们往往采用行为学实验的方式，通过外界刺激激活被试的稀缺感，继而探究其对个人决策的影响。例如，有研究发现，当接收到环境严峻线索时，被试的稀缺性感知被激活，进而主动增加对于高卡路里食物的摄入（Laran 和 Salerno，2012）；或者是消费者在接收到资源稀缺线索后会降低对反享乐消费的偏好（Yang 和 Zhang，2022）。

除了上述分类，现有文献按照资源类型的不同将资源稀缺感划分为财务稀缺（Fan、Jiang 和 Hu，2020；Malika 和 Maheswaran，2023；Tully 等，2015）、时间稀缺（Donnelly、Wilson、Whillans 和 Norton，2021；Fernbach 等，2015；Malika 和 Maheswaran，2023）、自然资源稀缺（Sachdeva 和 Zhao，2020）、产品稀缺（Salerno 和 Sevilla，2019；Sharma 和 Alta，2012；Sung 等，2021；Van Herpen、Pieters 和 Zeelenberg，2009）以及产品美学固有稀缺（Wu、Reimann、Pol 和 Park，2022）等。其中的财务受限感是本研究的核心内容。对于消费者而言，财务受限感是频繁而普遍出现的一种心理感受。因此，研究财务受限感对消费者决策的影响具有重要的理论意义。

6.1.2 一般性资源稀缺对消费者决策的影响

近年来资源稀缺的文献主要关注消费者一般性资源稀缺并探究其对行为决策的影响。现有文献将一般性资源稀缺界定为一种个人主观感知，通常是通过提醒或者激发使消费者产生“稀缺”心态，继而影响了其后续的行为决策。表6－1汇总近年来在此领域的一些主要研究成果，表明稀缺心态不仅影响消费者的经济决策，也影响消费者的非经济决策。

表6－1 资源稀缺对消费者决策影响的文献汇总

论文	消费者决策	心理机制	研究结论
Tang、Li 和 Su，2022	产品使用量	自私导向和（低）浪费负疚感	稀缺经历提醒提升了消费者的产品使用量
Yang 和 Zhang，2022	反享乐消费偏好	（低）控制感知	感知资源稀缺降低了消费者对反享乐消费的偏好
Gong、Zhang 和 Fan，2021	少数人选择的产品偏好	自由威胁	资源稀缺提醒促进消费者选择少数人选择的产品或者品牌
Wang、Su 和 You，2021	幸运产品偏好（迷信行为）	控制感需求	资源稀缺强化了消费者迷信行为，他们会更加偏好幸运产品
Goldsmith、Roux 和 Wilson，2020	可持续性产品接纳	（高/抽象）建构水平	消费者面临资源稀缺提醒时，如果产品的亲社会（对比个人）利益被强调，他们更可能选择可持续性产品
Park、Lalwani 和 Silvera，2020	价格—质量判断	弥补短缺的需求并寻求富足	稀缺线索降低了消费者采用价格来判断质量的倾向
Wang、You 和 Yang，2020	产品选择的可得性	（低）建构水平	童年时期处于低社会经济地位的消费者，在稀缺线索下会寻求产品选择中的可得性
Fan、Li 和 Jiang，2019	营销优惠区间好感度	趋近导向	资源稀缺提醒提升了消费者对营销优惠区间的好感度

续表

论文	消费者决策	心理机制	研究结论
Mehta 和 Zhu, 2016	产品使用创造力	约束心态	稀缺显著性激活了一种约束心态，这种心态持续存在，增强了产品使用的创造性
Roux、Goldsmith 和 Bonezzi, 2015	自私行为	竞争导向	资源稀缺的提醒会激活竞争优势，引导消费者作出提高自身福利的决策

资料来源：本研究整理（2023）。

稀缺心态对消费者经济决策的影响。目前此类研究成果比较丰富，涵盖了消费者偏好、判断和选择以及使用行为等。从对偏好的影响来看，现有研究指出稀缺提醒或者心态使消费者更加偏好少数人选择的产品（Gong、Zhang 和 Fan，2021）、幸运产品（Wang、Su 和 You，2021）、有优惠区间的营销优惠（Fan、Li 和 Jiang，2019），但降低了对反享乐消费的偏好（Yang 和 Zhang，2022）。从对判断与选择的影响来看，现有研究发现稀缺提醒或者心态会减少消费者采用价格对产品质量进行的判断（Park、Lalwani 和 Silvera，2020），或提升他们对产品可得性的寻求（Wang、You 和 Yang，2020）。从对产品使用行为的影响来看，现有研究提出，稀缺提醒或者心态提升了消费者的浪费行为（产品使用量；Tang、Li 和 Su，2022）和产品使用的创造性（Mehta 和 Zhu，2016）。

稀缺心态对消费者非经济决策的影响。目前此类研究成果相对较少，研究结果也比较分散，尚未形成一致的脉络。目前仅有的一篇研究是针对稀缺心态对自私行为的影响，该研究发现资源稀缺的提醒会激活竞争优势，引导消费者作出提高自身福利的决策（Roux、Goldsmith 和 Bonezzi，2015）。另外一篇较为贴近这个研究领域的研究从可持续性消费的视角出发，发现消费者面临资源稀缺提醒时，如果产品的亲社会（对比个人）利益被强调，他们更可能选择可持续性产品，提升了对可持续性产品的接纳（Goldsmith、Roux 和 Wilson，2020）。

综上所述，鉴于稀缺心态对消费者非经济决策的影响尚未成熟，存在很多的研究空白和机会，且由于非经济决策也是消费者日常所面临的行为决策的重要组成部分，因此本研究关注这一领域的研究具有重要的理论意义。

6.1.3 不同类型的资源稀缺对消费者决策的影响

营销学中关于资源稀缺的研究主要关注稀缺性对于消费者决策的影响和机制。早期的文献主要关注零售环境下产品稀缺（Salerno 和 Sevilla，2019；Sharma 和 Alta，2012；Sung 等，2021；Van Herpen、Pieters 和 Zeelenberg，2009），之后的研究扩展到了不同类型的稀缺，包括财务稀缺（Fan、Jiang 和 Hu，2020；Malika 和 Maheswaran，2023；Tully 等，2015）、时间稀缺（Donnelly、Wilson、Whillans 和 Norton，2021；Fernbach 等，2015；Malika 和 Maheswaran，2023）、自然资源稀缺（Sachdeva 和 Zhao，2020）以及产品美学固有稀缺（Wu、Reimann、Pol 和 Park，2022）等。在上述分类中，已有文献对产品稀缺、时间稀缺和财务稀缺的研究比较丰富，因此，在下文中将就产品稀缺和时间稀缺的研究成果进行概述。财务稀缺文献概述见 6.1.4 节。

产品稀缺对消费决策的影响。现有文献显示，产品稀缺会对消费者的购买决策产生显著影响，研究成果总体呈现正向影响，但心理路径不尽相同。早期研究结果表明，稀缺性会提高消费者对于喜爱的产品的偏好和价值评估，但并不会增加对于不受欢迎产品的偏好（Verhallen，1982），导致这一结果的影响机制包括心理抗拒（psychological reactance; Clee 和 Wicklund，1980）、独特性的寻求（uniqueness seeking; Fromkin 和 Snyder，1980；Van Herpen、Pieters 和 Zeelenberg，2009）和消费者基于稀缺现象对产品价值或质量等属性启发式推理（heuristic inference; Parker 和 Lehmann，2011）等。

近年来，针对产品稀缺的研究也一直在进行着，提出了新的行为结果和相应的心理机制。例如有研究发现，消费者会对供应有限的食物估算出更多的卡路里，因为稀缺的食物被视为更有价值和更昂贵，从而引发资源匮乏的感觉，而这种资源匮乏感反过来又导致了积极认知，即估算更高的卡路里是人们想要获得更多资源的结果（Salerno 和 Sevilla，2019）。类似的，还有研究提出货架稀缺激发了消费者对奢华的感知，进而提升其购买意愿（Sung 等，2021）。

时间稀缺对消费者决策的影响。现有文献表明，时间稀缺会对消费者的购买决策产生显著影响。但与产品稀缺效应不同，时间稀缺引发了双刃剑效应。一方面，有些研究发现时间稀缺会对消费者决策产生正向影响，如提升消费者的创造力表现（Mehta 和 Zhu，2016；Song 等，2023）、增强对目标的追求（Zhu、Bagchi 和 Hock，2019）。另一方面，也有研究指出时间稀缺会对消费者决策产生负面影响，如时间有限的人们更喜欢采用认知毫不费力的启发式，而不是认知费力的系统处理模式，其中的一种表现就是将注意力转移到某些目标、属性或情境中，从而触发其在更窄范围的替代方案中作出选择（Melumad 和 Meyer，2020；Morewedge 等，2019；Wilcox 和 Prokopec，2019），如深度参与某些问题而忽视其他问题（过度贷款对比忽视未来利润；Shah 等，2012），或者以牺牲绩效质量为代价而采用更快速度进行工作（Locke 和 Latham，1990）。

时间稀缺与金钱稀缺的对比研究。也有研究将时间稀缺作为一种特征，与金钱稀缺进行对比研究，提出了有意义的研究结论。例如，有研究发现在维护人际关系时，采用时间稀缺为借口（“我没有时间”）不如以金钱稀缺为借口（“我没钱”）更为有效（Donnelly、Wilson、Whillans 和 Norton，2021）。还有研究指出，消费者对“忙碌”形象的企业所提供的服务比“穷困”形象的企业所提供的服务有更高的购买意愿（Malika 和 Maheswaran，2023）。

6.1.4 财务受限的界定及其对消费者决策的影响

按照受限感产生和持续的时间，财务受限分为长期存在受限感（chronical financial constraints）和情境因素激活受限感（episodic financial constraints；Mullainathan 和 Shafir，2012；Roux 等，2016）。现有研究都表明，无论是长期存在受限感还是情境激活受限感，都不可避免地对个人行为以及消费决策产生显著影响（Laran 和 Salerno，2012；Mehta 和 Zhu，2016；Park、Lalwani 和 Silvera，2020；Roux、Goldsmith 和 Bonezzi，2015；Shaddy 和 Shah，2022；Shah 等，2012；Yang 和 Zhang，2022）。表 6－2 汇总了近年文献及其研究结论。

表 6－2　财务受限感对消费者决策影响的文献汇总

论文	消费者决策	心理机制	研究结论
Zhang、Ma 和 Guan，2023	绿色消费	焦虑和自我效能	财务受限会阻碍消费者选择绿色产品
Dias、Sharma 和 Fitzsimons，2022	购买幸福感	机会成本	财务受限感降低了消费者从购买中获得的幸福感，主要体现在不良的消费者评价

续表

论文	消费者决策	心理机制	研究结论
Rifkin、Kelley 和 Cutright, 2022	给自己购买礼物决策	认为财务受限会阻碍他们从自我馈赠中获得情感幸福的能力	当消费者感到财务受限时，他们对给自己购买礼物的兴趣会减少
Malika、Maheswaran 和 Jain, 2021	可自由支配购买决定	—	感知财务受限的消费者更喜欢单独（对比社交）购买
Fan、Jiang 和 Hu, 2020	多样化寻求行为	生存安全感	财务受限的消费者表现出更低的多样化寻求倾向
Sarial - Abi 和 Ulqinaku, 2020	对不同框架广告的评价	信息处理深度	财务受限的消费者会对带有积极趋近方法框架（对比消极回避框架）的广告有更积极的反应
Paley、Tully 和 Sharma, 2019	口碑参与	参与购买相关口碑的预期乐趣	财务受限感减少了与购买相关的口碑参与

资料来源：本研究整理（2023）。

现有研究探索了财务受限感效应的心理机制，从情绪、认知以及应对策略等方面进行了深入探讨。例如，有研究发现，财务受限感导致消费者对于价格的敏感程度上升（Ali-awadi 等，2001）；同普通消费者相比，感受到财务受限的消费者整体开支水平显著降低，并且他们会把更高比例的支出花费在生活必需品上（Karlsson 等，2005）。究其原因，财务受限感会给消费者带来压力和负面情绪，进而使他们的风险规避程度和对于未来价值的折现显著增加（Haushofer 和 Fehr，2014）。此外，财务受限感还能够削弱消费者的认知能力，使贫困人群容易作出短视决策，从而处于贫困状态的恶性循环之中（Mullainathan 等，2013）。

从财务受限感效应的心理机制来看，现有研究做了大量的探索。首先，一部分研究从应对策略出发，探索了消费者采用不同的应对策略来缓解财务受限感。例如，消费者被发现通常会采用效率规划（efficiency planning）和优先规划（priority planning）两类来应对财务受限感，其中效率规划是指通过不断寻找用更少的财务资源满足更多需求欲望的方法，而优先规划则通过牺牲掉不重要的消费目标从而满足相对重要的消费目标；尽管优先规划给消费者带来的损失感更显著，但随着消费者财务受限程度的上升，使用优先规划方法的比例会上升（Fernbach 等，2015）。

其次，有些研究从情绪入手进行探究。例如，有研究提出财务受限感会带给消费者负面情绪，进而启动消费者发觉、选择和消费稀缺性物品的动机，以抵消负面情绪的影响（Sharma 和 Alter，2012），或者使消费者产生了焦虑感进而降低其自我效能感，导致了更少的绿色消费（Zhang、Ma 和 Guan，2023）。

再次，还有一些研究注重财务受限感所引发的心理变化，继而影响其后续的行为决策。例如，感知财务受限的消费者，其竞争导向和利己动机被激活，继而向着有利于自身福利的方向发展并进行决策（Roux 等，2016）；其信息处理程度也会加深，因而会更喜好有积极趋近框架的广告（Sari-al-Abi 和 Ulqinaku，2020）；会增加对机会成本的考量，从而降低了购买幸福感（Dias、Sharma 和 Fitzsimons，2022）。

最后，也有一些研究关注财务受限感所引发的心理需求变化，继而影响其后续行为决策。例如，感知财务受限的消费者，对生存安全感的需求会更高，因而会减少多样化产品选择，而是偏好更加熟悉的产品（Fan、Jiang 和 Hu，2020）。类似的，感知财务受限的消费者对参与购买相关口碑的预期乐趣会降低，因而会减少口碑参与（Paley 等，2019）。同样，财务受限的消费者会更关注所购买效用的持久性，从而更偏好效用持久的实物类而非体验类产品（Tully 等，2015）。

综上所述，现有研究结果表明，情境激活财务受限对消费者认知和行为存在着显著影响，但心理机制不尽相同。但是，鲜有研究探究情境激活财务受限对消费者非经济决策（如捐赠行为）的影响。为了拓展该研究领域，本研究提出消费者财务受限感会正向影响其捐赠行为，具体的假设推导与实验验证请见第 8 章。本研究结果为拓展财务受限与行为决策关系的研究领域提供了全新且重要的补充。

6.2 捐赠行为

慈善捐赠是一种善举（prosocial act），指的是帮助他人的活动，也可以理解为是一种博爱（generalized exchange），是一种间接的帮助途径。慈善捐赠主要包括捐赠金钱（Witkowski，2021；Xu、Kwan 和 Zhou，2020）、物品（Chen 和 Huang，2023；Kim 和 Childs，2021）、时间（即志愿服务；Septianoto 和 Paramita，2021）、血液（Gong、Dai、Ma 和 Li，2022）以及器官（Hoang 和 Ng，2023；Pessemier、Beamon 和 Hanssen，1977；Robitaille 等，2021）等，捐赠类型不同，其影响因素和动机也存在差异（Green 和 Webb，1997）。此外，捐赠行为里的个人包括捐赠人和受益人两个群体，现有文献里既有对捐赠人的研究（如 Ein - Gar、Levontin 和 Kogut，2021），也有对受益人的研究（Chen 和 Gao，2021）。为了研究聚焦，本研究仅关注个人捐赠者的捐款行为，而其他捐赠行为不在此研究报告范畴之内。

本节将分别概述以下内容：捐赠行为研究综述（见 6.2.1 节）、国外研究概述（见 6.2.2 节）、国内研究概述

（见 6.2.3 节）、捐赠行为的情境影响因素（见 6.2.4 节）以及捐赠行为动机（见 6.2.5 节）。

6.2.1 捐赠行为研究综述

捐赠行为是亲社会行为的一种，是消费者自觉自愿的行为（Becker，1974），通常也被称为帮助行为。消费者通过贡献物质资源帮助其他人，不仅不会减少自身福利，而且还会增加接受者的个人福利，是帕累托增进型的社会福利改善（Becker，1974）。此外，消费者的捐赠行为还能够有效弥补政府救助的决策缓慢、灵活性较差等缺陷，是进行社会资源再分配的重要途径。因此，慈善捐赠被公认为 21 世纪最有价值的人类财产，它不仅带来经济效益，并对社会福利产生积极影响（郭健，2009；Wiepking 等，2021），而且是健康民主的基石（Barman，2007）。基于上述背景，捐赠行为一直为世界各国政府和民间组织所提倡和鼓励，在学术界也受到了高度关注。

学术界对于捐赠行为的研究形成了较为完整的体系，对其影响因素和心理机制都有了比较深入的探讨。例如，Sargeant 和 Woodliffe（2007）在总结历史研究成果的基础上，构建了包含外部影响、个人特征、抑制因素、源泉、动机、感知反应、过程决定因素、产出和反馈八种因素的跨学科捐赠理论框架。国外关于消费者捐赠意愿和捐赠行为的研究起步于 20 世纪 70 年代社会学和社会心理学领域针对更广泛的助人行为的探讨。最初捐赠行为被作为助人行为的典型案例进行讨论（如 Schwartz，1975），但由于捐赠行为中的受益者往往并不会实际出现在捐赠场景中，比如日常生活中帮助身边朋友解决麻烦一类的助人行为涉及的心理机制更为复杂，因此学术界逐渐将其单独进行研究。此外，自 20 世纪

80 年代起，关于消费者捐赠意愿和捐赠行为的研究成果不再局限于社会学和社会心理学领域，诸多跨学科的研究出现在经济学、政治学、管理学和营销学领域。而国内目前的捐赠事业仍处于发展阶段，以企业捐赠为主，学术界的研究也大多集中于企业的捐赠行为和企业社会责任的探讨，关于消费者捐赠的研究较少，研究成果与国外相比存在较大差距。

6.2.2　国外研究概述

针对捐赠行为的研究分为以下四个阶段：20 世纪 90 年代前、20 世纪 90 年代、21 世纪第一个十年以及 21 世纪第二个十年。

20 世纪 90 年代以前的研究概况。在这一时期，捐赠行为研究是在不同学科领域单独完成的，主要包括市场营销领域和社会心理学领域。首先，在市场营销领域中，学者们关注各种营销策略在推广帮助行为过程中所发挥的效应，如名单公示效应（Reingen，1982）、捐赠水平效应（Schwarzwald、Bizman 和 Raz，1983）等。另外一些营销学者则用人口统计变量、心理和动机变量区分捐赠人与非捐赠人行为（Cermark、File 和 Prince，1994；Harvey，1990；May，1988；Yavas、Rieken 和 Parameswaran，1980）。其次，在社会心理学领域，学者们的研究主要集中于利他主义动机和帮助行为之间的关系（Magne 和 Michelle，2000；Piliavin 和 Charng，1990），并提出了许多关于帮助动机以及利他主义类型的理论。

20 世纪 90 年代的研究概况。在这一时期，大量学术研究开始综合经济学、社会学和心理学等学科的理论优势，对可能对捐赠人行为产生影响的社会和心理因素进行探索。例如，Bagozzi 和 Moore（1994）借鉴了心理学家 Lazarus（1991）提出的情感适应理论，针对负面情感和移情性对受众捐赠意愿的影响进行了研究。Hibbert 和 Horne（1995）借鉴了经济学中战略利他主义理论，提出利他主义是捐赠行为产生的主要动机。在这一阶段的研究中，大量的学者依据不同领域的相关理论提出了许多影响个人捐赠决策的变量，如对慈善组织态度、宗教背景、捐赠需求大小等。然而，这些研究最大的问题是研究结果之间是割裂的，学者忽略了捐赠行为可能是一个心理、社会和经济等多因素共同作用的结果这一事实。捐赠人在作出捐赠决策时，可能是受到上述因素共同作用的影响，也可能是部分因素共同作用的影响。因此，开发一个完整的、融合了个人和非个人影响因素在内的捐赠决策模型是非常必要的（Bennett 和 Sargeant，2005）。

事实上，早有学者在 20 世纪 80 年代末就曾提出了以整合观点（Burnett 和 Wood，1998；Guy 和 Patton，1989）来研究捐赠决策过程。但是这类观点提出后并未有足够的实证研究进行数据验证和支持，使整合的观点只停留在了假说阶段。同时期，有部分学者对整合的观点提出了质疑。例如，Milne 和 Gordon（1993）指出随着捐赠人的识别能力逐渐提升，面对越来越多样的刺激，一个模型是很难涵盖所有的影响捐赠决策的变量的。1996 年，Bendapudi、Singh 和 Bendapudi 再次研究个人的帮助行为及其决策过程，提出了帮助决策过程的理论框架，描述了决策过程中前因变量、调节变量、捐赠行为和结果，成为帮助决策研究中具有跨时代意义的一个理论模型。然而，他们的研究是依照国外已有研究提出的一个初步的理论框架和假说，并没有经过实证的检验。

21 世纪第一个十年的研究概况。在这一时期，学者们开始关注不同国家和地区的捐赠行为，出现了很多单一国家案例的研究成果。例如，Brooks（2002）研究了在前苏联地区人口统计变量对公众捐赠行为的影响，他们发现收入、性别、工作、居住地区、年龄和家庭规模可以用来预测俄国人的捐赠行为。同样的，Sargeant 和 Lee（2004）探索了英国公众的信任度、承诺度和捐赠行为之间的关系，他们发现对于公益组织来说，通过筹资和其他的沟通行为与捐赠人之间建立信任和承诺感是非常有益的。同时，他们也指出，仅仅建立信任感是不够的，如果缺少了承诺感，信任感对捐赠的促进作用就会大大降低。信任感表面上没有给捐赠人带来直接收益，然而建立起来的信任会回馈给捐赠人间接益处。类似的，Rajan 等（2009）基于加拿大公众捐赠资料发现国际捐赠人和国内捐赠人在人口地理特征方面是极其相似的，这两类捐赠人都有着较高的收入，受过较高的教育，多数为女性，信奉宗教，有着很高的社会参与度和政治觉悟；与国内捐赠人相比，国际捐赠人有着更高的收入，多为女性，非加拿大裔。

21 世纪第二个十年（至今）的研究概况。在这一时期，基于宏观与微观视角涌现了大量的研究成果。具体而言，这些研究成果可以归纳为以下三个方向，其中前两个方向为微观层面，后一个方向为宏观层面。

第一类研究是从捐赠人个体特征的角度出发，探究影响消费者捐赠行为的因素和动机，包括：社会特征，如个人的居住流动性（Wang、Kirmani 和 Li，2021）、社会阶层（Cha、Yi 和 Lee，2020）、社会地位（Vieites、Goldszmidt 和 Andrade，2021）等；价值观，如个人价值观（Sneddon、Evers 和 Lee，2020）、政治价值观（如民粹主义；McAllister 和 Makkai，2021）和文化价值观（如权力距离信念；Han、Lalwani 和 Duhachek，2017；Winterich 和 Zhang，2014）；心理因素，如个人的控制感（Xu、Kwan 和 Zhou，2020）、力量这一积极情绪（Liang、Chen 和 Lei，2016）、感知金钱价值（Witkowski，2021）；环境线索，如社会比较（Schlosser 和 Levy，2016）和死亡线索（Zaleskiewicz、Gasiorowska 和 Kesebir，2015）。表 6-3 汇总了近期主要研究成果。

表 6－3　　个体特征对捐赠行为的影响的文献汇总

论文	影响因素	心理机制	研究结论
Septianto、Seo 和 Paramita，2022	威胁敬畏感	感知效能	作为对威胁敬畏感的回应，持有增量（相对于实体）观念的消费者认为他们的捐赠更有效，这随后增加了他们的捐赠行为
McAllister 和 Makkai，2021	民粹主义价值观	—	持有民粹主义价值观的人捐赠的可能性要小
Vieites、Goldszmidt 和 Andrade，2021	社会阶层	对人们未得到满足的基本需求的内在同情	与非紧急原因（如鼓励文化活动）相比，低阶层消费者更喜欢为紧急原因捐款（如缓解饥饿）；而在高阶层消费者中，这种效果相反
Wang、Kirmani 和 Li，2021	居住流动性	感知全球身份	住宅流动性（对比稳定性）增加了消费者对远距离（对比近距离）受益人的捐款
Sneddon、Evers 和 Lee，2020	个人价值观	—	捐赠人的个人价值观影响其捐赠决策
Xu、Kwan 和 Zhou，2020	忧虑诉求控制感	痛苦忍受能力	在忧虑捐赠诉求出现之前，通过不相关事件唤起控制感，可以增加志愿者注册意愿和捐款意愿
Han、Lalwani 和 Duhachek，2017	权力距离信念心理力量	专注自我（对比专注他人）	在低权力距离信念（PDB）的情况下，心理力量高（对比低）的人往往更专注于自我（对比专注他人），表现出较低的捐赠意愿；在高权力距离信念（PDB）的情况下，心理力量高（对比低）的人往往更专注于他人（对比专注于自我），表现出较高的捐赠意愿
Liang、Chen 和 Lei，2016	"力量"情绪	同理心	将力量这一积极情绪和悲伤这一消极情绪相结合，比悲伤主导或力量主导的情绪更能有效地说服人们捐款

资料来源：本研究整理（2023）。

第二类研究是从慈善组织的募捐策略的角度，探究慈善组织如何通过有效的募捐策略向捐赠人募捐资金，此类研究成果较为丰富。一类研究指出慈善组织的募捐策略会积极促进消费者捐赠行为，如当募捐信息采用第三人称（Sepehri等，2021）、捐赠行为被界定为身份表达（Rifkin、Du和Berger，2021）或要求捐赠人对其慈善行为进行义务宣传（Yang和Hee，2021）等。另一类研究探究了捐赠行为的阻碍因素，如当募捐信息同时包含与捐赠人和组织相关的内容（Fajardo、Townsend和Bolander，2018），捐赠人可以选择受益人（Ein－Gar、Levontin和Kogut，2021），或者通过直接邮件向捐赠人提供预先激励（Yin、Li和Singh，2020）等，消费者会显著降低捐赠意愿。表6－4汇总了近期的主要研究成果。

表6－4 慈善组织募捐策略对捐赠行为的影响的文献汇总

论文	影响因素	心理机制	研究结论
Kassirer、Jordan和Kouchaki，2023	代理捐赠	参与者因其行为获得“慈善信贷”	代理捐赠体验会引发后续慈善行为的增加
Klucarova和He，2022	地位消费	赋予权力感	地位消费会促进消费者捐赠行为
Lv和Huang，2022	个性化推荐	感知自主性	当消费者收到带有（对比不带有）个性化推荐的募捐广告时，他们的捐赠意愿较低
Morvinski，2022	（增加）不可用的替代方案	感知影响	在筹款活动信息中增加一个不可用的替代方案会增加对剩余、可用的筹款活动的捐款
Park和Yoon，2022	募捐金额和目标金额	—	与目标金额相比，募捐金额对消费者捐赠决策的影响更大；只有当目标金额单独出现在募捐消息中时，它才会影响捐赠决策

续表

论文	影响因素	心理机制	研究结论
Xu、Mehta 和 Dahl，2022	创造性活动参与	感知自主性和积极情绪	让潜在捐赠人参与创造性活动会促进他们的捐赠行为
Wang、Wang 和 Jiang，2022	将慈善捐赠视为礼物（对比捐赠）	与受益人的感知社交距离	将慈善捐赠视为礼物（对比捐赠）不仅会增加捐赠人的捐款意愿，还会增加他们的实际捐款金额
Chung 和 Hair，2021	移动设备（对比非移动设备）	积极情绪	使用移动设备（对比非移动设备）的捐赠人表现出较少的积极情绪，这会降低他们的捐赠意愿，导致捐赠金额降低
Ein – Gar、Levontin 和 Kogut，2021	选择捐赠对象的选项	乐于助人的愿望和公平的愿望之间的冲突	当潜在捐赠人需要在多个有需要的目标中选择一个目标时，会阻碍其捐赠行为
Gugenishvili、Francu 和 Koporcic，2021	描述性规范	感知影响和个人参与	描述性规范会影响捐赠意愿
Ho、Lin 和 Wyer，2021	购买仆人品牌	同理心	购买仆人品牌会增强消费者的主导感，降低他们的同理心，而他们的同理感降低反过来又会削弱他们随后的捐赠意愿
Homer，2021	希望—悲伤结合诉求	同情和灵感	将希望和悲伤诉求相结合（对比希望占主导或悲伤占主导）会引发同情和灵感，促使人们增加对人类灾难事件的捐款
Rifkin、Du 和 Berger，2021	“决斗偏好”方法	自我表达	决斗偏好增加了小额（如小费、小额捐赠）亲社会捐赠
Sepehri 等，2021	第三（对比第一）人称	感知可信度	采用第三人称的间接诉求比采用第一人称的直接诉求获得更多的捐款

续表

论文	影响因素	心理机制	研究结论
Septianto 和 Paramita，2021	将快乐（对比悲伤）的受害者形象和强烈的悲伤信息相结合的诉求	感知结果效能	将快乐（对比悲伤）受害者形象和强烈悲伤诉求相结合的募捐信息会促进亲社会行为
Shi、Chen 和 Xu，2021	奖励不确定性	（捐款带来的）心理痛苦	与确定性奖励相比，消费者在收到不确定的奖励后更有可能捐款，因为不确定性奖励带来了更少的心理痛苦
Shin 和 Mattila，2021	可爱	强调对非可爱目标有利的诉求的有效性	观看可爱的图像和听可爱的声音会引发亲社会反应，从而提高非可爱目标的福利
Yang 和 Hsee，2021	义务宣传（对比自愿宣传）	形象（对比利他）动机	募捐信息里强调“义务宣传”比“自愿宣传”募捐了更多的捐款
Zhang、Cai 和 Shi，2021	价格促销	感知资源	价格促销增加了消费者的资源感知，进而促进了捐赠行为
Yin、Li 和 Singh，2020	货币预先激励（PGI）	交换规范 共同规范	人们更有可能打开并阅读包含货币预先激励的信件；货币预先激励提高了获取捐赠人活动的响应率，但是降低了直销活动的投资回报率
Fajardo、Townsend 和 Bolander，2018	捐赠人（对比组织）相关诉求	—	与捐赠人相关（对比与组织相关）的诉求对捐赠选择的影响更大，而与组织相关（对比与捐赠人相关）的诉求对捐赠金额决定的影响较大；但募捐信息里同时使用捐助者和组织诉求会阻碍捐款响应率和降低平均捐款额

资料来源：本研究整理（2023）。

第三类研究较为宏观，多从政策制定者的角度探究政府层面的税收等制度设计对个人捐赠意愿的影响，如政府支持、政府干预和基金支持（Buffardi 等，2017；Hu 和 Guo，2016；Yu、Shen 和 Li，2021）；或者是从慈善捐赠机构视角出发探究对捐赠行为的影响，如慈善组织法律规定（Barman，2007；Hogg，2018；Wiepking 等，2021）；或者是从营利性企业视角探究善因营销对消费者态度的影响（Wen、Kim 和 Bowen，2023）等。

6.2.3 国内研究概况

与西方国家相比，中国的慈善事业起步较晚，而学术界对慈善的关注度和研究程度也与西方存在很大差距，但是也取得了很多理论与实证研究成果，主要分为早期与近期研究阶段。

早期研究阶段。早期研究成果主要集中在以下三个方面。首先，从非营利组织角度展开的营销策略研究，如尹丽（2003）通过对中国青少年发展基金会“希望工程”案例的研究，提出了非营利组织品牌建设和广告宣传对吸引公众捐赠的重要性。尽管这些研究以非营利组织的不同营销策略为研究点，但他们都存在一个共同点，即仅进行了描述性分析，缺乏实证数据的验证。

其次，对慈善事业的作用和价值进行了研究，如王小波（2006）从道德角度肯定了慈善事业对社会和经济的重要性；唐更华、王学力（2004）对企业的慈善行为对社会影响力进行了探究。同样这些研究的方法仍偏重理论分析而非实证检验。

最后，对捐赠人行为和动机展开了研究。这部分研究数量有限，大部分（如唐娟，2004；杨方方，2004）仍是从理论角度探讨影响公民捐献行为的社会环境因素，认为文化传统、政府介入等因素影响捐赠意愿和水平。例如，叶莹

（2006）从慈善传统、社会结构环境、制度安排等制度环境的角度分析了我国个人捐赠较少的原因；而刘能（2004）则通过问卷调研的方式对都市地区公众的捐赠行为进行了调查，删选出教育程度和个人收入水平两个重要变量。上述研究采用了一些实证研究方法，但仍旧缺乏对捐赠人心理作用机制的探讨。

近期研究阶段。与西方学者相同，在这一时期，中国学者们开始从微观和宏观层面研究捐赠行为的影响因素，取得了一定的研究成果。与同一时期的国际研究相似，这一时期的国内研究成果也可以归纳为以下三类，其中前两类为微观层面，后一类为宏观层面。

第一类研究是从捐赠人个体特征的角度探究影响消费者捐赠行为的因素和动机，如个人权力感的影响（姚琦等，2020）、社会比较（郑晓莹、彭泗清、彭璐珞，2015）等。

第二类研究比较丰富，是从慈善组织的募捐策略的角度，探究慈善组织如何通过有效的募捐策略向捐赠人募捐资金，例如网络公益平台默认选项设置（樊亚凤、蒋晶、崔稳权，2019）、募捐信息框架类型（宋文静、陈怡煖、黄韫慧，2023）、道德诉求方式（陈斯允、卫海英、孟陆，2019）以及网络公益平台支付渠道数量（冉雅璇、牛熠欣、陈斯允，2021）等。

第三类研究较为宏观，包括从政策制定者的角度，探究政府层面的税收等制度设计对个人捐赠意愿的影响（Hu和Guo，2016；Yu、Shen和Li，2021），或者是从营利性企业视角探究善因营销对消费者态度的影响（江若尘、郑玲，2017），或者是从公益组织视角探究公益组织形象对捐赠意愿的影响（蒋晶，2014），或者是探索公益慈善的生态系统（樊亚凤、胡左浩、洪瑞阳，2022）等。

综上所述，本研究属于第一类研究方向的范畴，旨在从捐赠人个人层面入手，探讨捐赠行为的影响因素及其心理机制。因为实证研究部分所关注的财务受限感是情境激发因素，因此在6.2.4节里将对该文献进行总结。此外，6.2.5节概述捐赠动机相关研究成果。

6.2.4 捐赠行为的情境影响因素

现有文献显示，情境影响因素也是影响消费者捐赠行为的重要因素之一。然而，与捐赠行为的个人影响因素相比，关于情境影响因素的研究较少。由于情境因素具有很强的企业可操作性，对于情境影响因素的研究则越来越受到学术界的重视。这些情境影响因素不仅包括环境线索（如死亡威胁线索；Zaleskiewicz、Gasiorowska和Kesebir，2015），还包括情境激发的心理状态（如财务受限感；Fan等，2020；Tully等，2015）。表6-5汇总了近期主要研究成果。

表6-5 情境因素对捐赠行为的影响文献汇总

论文	影响因素	心理机制	研究结论
Septianto、Seo和Paramita，2022	威胁敬畏感	感知效能	作为对威胁敬畏的回应，持有增量（相对于实体）观念的消费者认为他们的捐赠更有效，促进了随后的捐赠行为
Shin和Mattila，2021	可爱	强调对非可爱目标有利的诉求的有效性	观看可爱的图像和听可爱的声音会引发亲社会反应，从而提高非可爱目标的福利
Schlosser和Levy，2016	社会比较	利他价值观表达	当环境强调利他因素时，与进行上行比较的人相比，进行下行比较的人更有可能捐赠
Zaleskiewicz、Gasiorowska和Kesebir，2015	死亡提醒	死亡焦虑	死亡提醒使个人更加慷慨，并从慷慨的捐赠中获得更多的满足感

资料来源：本研究整理（2023）。

环境线索。从环境线索的视角来看，Shin 和 Mattila（2021）关注了可爱元素对捐赠行为的影响，提出了"aww 效应"。可爱元素是生活中随处可见的一种环境因素，接触可爱元素会提升消费者的亲社会性。他们发现，通过观看可爱图像或者听可爱声音会引发消费者的亲社会反应，从而提高对非可爱目标（如受益人）的福利。换言之，可爱暗示增加了捐赠诉求的有效性。进一步地，正如学者指出的，营销人员能够有效地利用可爱暗示来吸引消费者参与亲社会活动。

类似的，Schlosser 和 Levy（2016）从社会比较视角探索了社会比较对捐赠行为的影响。在日常生活中，消费者经常会与他人进行各种比较，而这种比较会影响他们对他人的帮助意愿。他们发现，因为相对来讲富裕一些，所以进行下行比较的人更有可能捐赠，因为此时给予被视为表达利他价值观的一种手段（即回馈他人，成为一个更好的人）。从结果上来看，当环境强调利他因素时，与进行上行比较的人相比，进行下行比较的人更有可能捐赠。

情境激发的心理状态。Septianto 等（2022）基于内隐理论认为，消费者经常会遇到环境所激发出来的威胁敬畏感，如遇到自然灾害的募捐诉求时。然而，尽管消费者在经历威胁敬畏时希望表现出亲社会行为，但由于存在威胁，是否进行捐赠则取决于他们是否相信自己的捐赠会产生足够的功效。通过五个实验，他们发现，为了应对威胁敬畏感，持有增量变化（对比不变）理论的消费者认为他们的捐赠更有效，这随后增加（对比减少）了他们的慈善捐赠。该研究结论为不同消费者在自然灾害背景下如何被激励参与慈善捐赠提供了更为细致的解释。

另外一个研究是关于消费者在面对死亡线索时所展示出来的捐赠行为（Zaleskiewicz、Gasiorowska 和 Kesebir，2015）。

根据恐怖管理理论，人们在面对“死亡不可避免”这一认知时会产生焦虑，为了应对这种焦虑，他们会抓住文化世界观中存在的价值来源，而亲社会行为就是这样一种价值来源。通过三项研究，他们发现，死亡提醒会导致消费者在财务资源分配上更为慷慨，并从慷慨的行动中获得更多的满足感。具体而言，被死亡提醒的参与者不仅更慷慨，而且捐赠的钱越多，他们就越满意。他们从亲社会行为中获得了更高的满意度，是因为亲社会行为能够抑制与死亡相关的想法。换言之，面对死亡威胁时，消费者采取亲社会行为可以有效地缓解死亡焦虑，进而产生心理满足感。

综上所述，尽管现有研究表明，情境因素是作用于捐赠行为的重要的一类因素，但此类研究非常有限。由于情境因素具有偶发性和多发性，且具有重要的营销实践意义，因此本研究也同样关注情境因素，提出消费者被激发出的财务受限感会提升其后续的捐赠行为。具体的假设推导和检验，请见本书第 8 章。

6.2.5 捐赠行为的动机

随着慈善捐赠的作用日益凸显，很多学者从关注“什么因素影响了个人捐赠决策”发展为“为什么该因素会影响个人捐赠决策”，提出研究捐赠动机是深入理解个人捐赠行为影响因素的关键之处（Sargeant 等，2006）。捐赠动机（donation motivation）是指引发消费者捐赠意愿的心理动机，是解释不同类别因素作用于消费者捐赠决策的心理机制（Mathews 和 Kling，1998）。心理学家从多个理论视角指出，动机会影响个体对自身所处环境的选择，从而会影响他们的行为决策（Bandura，1986；Emmons 和 Diener，1986）。关于捐赠动机的研究非常丰富，主要有如下几种动机分类。

早期研究提出的解释模型。Andreoni（1990）提出捐赠人的捐赠动机主要有两种解释模型，其一是公共物品（public goods）模型，在该模型中驱动捐赠人捐赠行为的动机是所捐赠物品带来的效用；其二是私人消费（private consumption）模型，在该模型中捐赠人的捐赠行为是由捐赠行为本身带来的自我满足感所驱动。随后Duncan（2004）提出了第三种慈善动机模型，即慈善影响（impact philanthropy）模型。他指出，由于慈善家在捐赠时看重自身捐赠行为所造成的影响，其他捐赠人的贡献会降低影响慈善家的慈善成就感，因此，合作捐赠会导致捐赠总量的减少。此外，该动机模型还指出慈善家看重"影响"会引发他们与慈善组织在慈善物品分配方面的冲突。Duncan（2009）以交换圣诞礼物为例，进一步分析了慈善影响模型，指出与圣诞节礼物交换行为类似，慈善影响和社交攀比会给捐赠带来附带消极影响。当捐赠人的捐赠品被集中分配到较小的目标群体时，捐赠人倾向于减少捐赠数量。

基于具体事件总结的动机类型。此类研究是针对一个具体的领域或者事件捐赠进行的动机总结。例如，Dawson（1988）针对医药研究捐赠行为，提出互惠动机、自尊动机、收入和税负动机（减少个人所得税）、职业动机四个动机。Mathur（1998）研究了老年人向慈善组织捐款的动机，认为社会互动和控制是他们的主要动机。国内学者吴冠之（2003）提出个人捐赠动机主要包括自尊需要、认同需要、习惯捐赠、非自愿捐赠、利他主义、重视信仰和负面心理等七方面。李芹（2004）通过对非典（SARS）中捐赠行为的研究将我国危机捐赠人的捐赠动机总结为以下几点：对弱势群体的同情与怜悯，对医务人员的崇敬与钦佩，强烈的社会责任感和使命感，优惠政策或利益驱动及从众心理。除了上述几种普遍的捐赠动机外，她还指出知恩图报、商业合作、借机送礼、巧取名誉、避税等捐赠动机也有表现。

近期研究的动机分类。尽管学者们从不同角度对捐赠动机进行了归类，但是在学术界被普遍接受的是从利己和利他角度阐释的捐赠动机（Bendapudi 等，1996）。同样，经济学领域也对捐赠动机作出类似的分类，如 Stephens（1994）在《集体选择经济学》中对捐赠的内在动机提出两种解释，其一是理性选择，捐赠是为了获得某种私人激励；其二是利他主义，捐赠是为了帮助他人。国内学者杨方方（2004）也提出类似的发现，捐赠人的动机有的出于奉献精神，有的是出于对弱势群体的怜悯，这些体现了利他主义；而有的则是为了满足自己精神上的愉悦感，或为了树立良好形象，赢得声誉效用，这是利己动机的具体表现。

Bekkers 和 Wiepking（2011）综述了以往学者们的研究成果，明确了捐赠行为的八种动机，包括利他动机（altruism）、声誉动机（reputation）、心理利益动机（psychologica benefits）、成本收益动机（cost and benefits）、需求意识动机（awareness of need）、请求动机（solicitation）、社会价值动机（social value）和效能动机（efficacy）。表 6 - 6 汇总了这八种动机的形态、作用、行动者以及影响目标。

表 6 - 6 Bekkers 和 Wiepking（2011）捐赠动机分类

动机类型	形态	作用	行动者	影响目标
利他动机	有形	消费者外部	捐赠人/慈善组织	受益人
声誉动机	无形	消费者自身	慈善组织	捐赠人
心理利益动机	无形	消费者自身	捐赠人	捐赠人
成本收益动机	有形	消费者外部	慈善组织	捐赠人
需求意识动机	有形/无形	消费者自身/外部/消费者之间	受益人/慈善组织	捐赠人
请求动机	有形/无形	消费者之间	受益人/慈善组织	捐赠人

续表

动机类型	形态	作用	行动者	影响目标
社会价值动机	无形	消费者自身	捐赠人	捐赠人/受益人
效能动机	无形	消费者自身	慈善组织	捐赠人

资料来源：本研究整理（2023）。

最早的捐赠动机理论是利他主义理论，其含义是消费者的捐赠行为完全是出于对他人福利的关心，最终产生切实的结果，是纯粹利他主义。Becker（1974）从捐赠人效益最大化视角对利他动机进行解释，认为捐赠行为是消费者进行理性思考后作出的效益最大化决策，消费者效益不仅取决于自身的消费水平，也受到他人福利水平的影响；由于捐赠行为能够提高受益人的福利水平，也因此改善了捐赠人的效益水平。基于该理论，当有且仅有利他动机起作用时，捐赠行为应当存在完全挤出效应（crowding - out effect），即政府供给公共物品的增加额与私人捐赠的减少额相吻合（Kingma，1989）。但是针对二手数据的分析发现，现实中存在微弱的挤出效应（Brooks，1999），甚至部分年份还出现了挤入效应（crowding - in effect；Brooks，2003）。因此，学者们提出消费者进行捐赠必然不是完全出于利他动机，存在其他动机。鉴于纯粹利他主义动机在解释消费者捐赠行为方面存在局限性，学术界更多地探讨消费者非纯粹利他的捐赠动机，其中以表6-6中声誉和心理利益动机在心理学和消费者行为学领域应用最为广泛。Batson（1991）指出，当两类动机同时存在且作用效果相互兼容的时候，两者会出现叠加效应；而当两类动机同时存在但作用效果相互矛盾的时候，更强烈的动机会起主导作用。

声誉动机理论从消费者捐赠行为的社会结果出发，认为消费者进行捐赠是出于对自身声誉和名望的考虑（Bekkers

和 Wiepking，2011)，本章 6.3 节中提及的权力补偿动机也包含在内。由于捐赠行为是公认的利他的亲社会行为，因此参与捐赠的消费者会受到周围人的认同和尊敬，有助于提升社会地位和权力感，有助于获得奖励或者避免惩罚和不幸；而拒绝捐赠会对消费者的名誉造成伤害（Muehleman 等，1976)。这一机制能够很好地解释 Roberts（1998）提出的竞争性利他（competitive altruism)，从原始部落中愿意将更多资源分发给其他成员的人最受尊重，到现代社会中大企业积极参与慈善捐赠、设立慈善基金、履行社会责任的案例，不同历史时期、不同文化的个人为获取声望和权力都争相作出公开利他举动。

心理效益动机理论从消费者捐赠行为的心理结果出发，认为消费者进行捐赠是为了获得某些积极的心理效益或规避消极的心理后果。例如，Andreoni（1989）提出了温情效应（warm glow effect）模型，指出消费者能够从捐赠行为中直接获得愉悦的心理体验。神经科学领域研究进一步支持了消费者捐赠行为与积极情绪之间的关系，发现消费者在作出捐赠等利他决策时大脑左侧前额皮质活跃程度显著上升（Jorge 等，2006)。此外，捐赠行为能够帮助消费者避免负面的心理后果。例如不捐赠会给消费者自我形象的建立带来内疚感，而捐赠行为可以帮助避免和消除这类内疚感（Bekkers 和 Wiepking，2011)。

营销领域捐赠动机研究成果。近年来在营销领域，大量学者对捐赠行为的影响因素和动机进行了探索，取得了非常有价值的研究成果。除了利己利他动机之外，这些营销学者还提出了驱动捐赠行为的其他心理机制，表 6-7 汇总了近期重要的研究成果（见第三列)。本研究按照 Bekkers 和 Wiepking（2011）的八种动机类型对其进行了分类（见第二列)。

表 6-7　　营销领域捐赠动机的文献汇总

论文	动机类型	心理机制	研究结论
Kassirer、Jordan 和 Kouchaki，2023	成本收益动机	参与者因其行为获得“慈善信贷”	代理捐赠体验会促进捐赠行为
Klucarova 和 He，2022	心理利益动机	赋予权力感	地位消费会促进捐款
Lv 和 Huang，2022	心理利益动机	感知自主性	当消费者收到带有（对比不带有）个性化推荐的慈善广告时会表现出较低的捐赠意愿
Morvinski，2022	成本收益动机	感知影响	在募捐信息中增加一个不可用的替代方案会增加对剩余可用的筹款活动的捐款
Sanchez 和 Kull，2022	声誉动机	社会形象关注感知侵扰	公开（对比私人）募捐会提高捐赠率，但也增加了捐赠人的欺骗倾向
Septianto、Seo 和 Paramita，2022	效能动机	感知效能	作为对威胁敬畏感的回应，持有增量（相对于实体）想法的消费者认为他们的捐赠更有效，促进了后续捐赠行为
Xu、Mehta 和 Dahl，2022	心理利益动机	感知自主性 积极情绪	让潜在捐赠人参与创造性活动会对他们的捐赠行为产生积极影响
Wang、Wang 和 Jiang，2022	请求动机	与受益人社交距离感知	将慈善捐赠视为礼物（对比捐赠）不仅会促进捐款意愿，还会增加实际捐款金额
Chung 和 Hair，2021	心理利益动机	积极情绪	使用移动设备（对比非移动设备）的捐赠人表现出较少的积极情绪，并降低他们的捐赠意愿和捐赠金额
Ein - Gar、Levontin 和 Kogut，2021	请求动机	乐于助人的愿望和公平的愿望之间的冲突	当捐赠人需要在多个受益人目标中选择一个时会减少捐赠行为
Ho、Lin 和 Wyer，2021	利他动机	同理心	购买仆人品牌会增强消费者的主导感，降低他们的同理心，继而削弱他们随后的捐赠意愿

续表

论文	动机类型	心理机制	研究结论
Homer，2021	利他动机	同情和灵感	将希望和悲伤诉求相结合（对比希望占主导或悲伤占主导）会引发同情和灵感，促使人们增加对人类灾难事件的捐款
Rifkin、Du 和 Berger，2021	社会价值动机	自我表达	决斗偏好促进了小额（如小费）捐赠
Sepehri 等，2021	需求意识动机	感知可信度	采用第三人称的间接诉求比第一人称的直接诉求获得更多捐款
Septianto 和 Paramita，2021	效能动机	感知结果效能	将快乐（对比悲伤）的受害者形象和强烈的悲伤诉求相结合促进亲社会行为
Shi、Chen 和 Xu，2021	心理利益动机	（捐款带来的）心理痛苦	与确定性奖励相比，消费者在收到不确定的奖励后更有可能捐款，因为不确定性奖励带来了更少的心理痛苦
Shin 和 Mattila，2021	效能动机	强调对非可爱目标有利的诉求的有效性	观看可爱的图像和听可爱的声音会引发亲社会反应，从而提高非可爱目标的福利
Vieites、Goldszmidt 和 Andrade，2021	利他动机	对人们未得到满足的基本需求的内在同情	与非紧急原因（如鼓励文化活动）相比，低阶层消费者更喜欢为紧急原因捐款（如缓解饥饿）；而在高阶层消费者中，这种效果相反
Wang、Kirmani 和 Li，2021	社会价值动机	感知全球身份	住宅流动性（对比稳定性）增加了消费者对远距离（对比近距离）受益人的捐款
Yang 和 Hsee，2021	声誉动机	形象（对比利他）动机	要求捐赠人对其善举进行“义务宣传”比“自愿宣传”募捐了更多的善款
Zhang、Cai 和 Shi，2021	成本收益动机	感知资源	价格促销增加了消费者的资源感知，进而促进了捐赠行为
Xu、Kwan 和 Zhou，2020	心理利益动机	痛苦忍受能力	在忧虑诉求出现之前，通过不相关事件唤起控制感，可以增加志愿者注册意愿和捐款意愿

续表

论文	动机类型	心理机制	研究结论
Liang、Chen 和 Lei，2016	利他动机	同理心	与悲伤主导或力量主导相比，将力量这一积极情绪和悲伤这一消极情绪相结合能更有效地说服人们捐款
Schlosser 和 Levy，2016	利他动机	利他价值观表达	当环境强调利他因素时，与进行上行比较的人相比，进行下行比较的人更有可能捐赠
Zaleskiewicz、Gasiorowska 和 Kesebir，2015	心理利益动机	死亡焦虑	死亡提醒使个人更加慷慨，并从慷慨的捐赠中获得更多的满足感

资料来源：本研究整理（2023）。

综上所述，消费者的捐赠行为会被不同的动机所驱动。本研究提出，财务受限感是捐赠行为一个非常重要的情境影响因素，而权力状态所激发的补偿性动机则是捐赠行为的重要动机。下一小节将就权力状态进行概述。

6.3 权力状态

6.3.1 权力的定义

罗素（Bertrand Russell）在《权力论》中写道："如同能量之于物理学，权力是社会科学中最基本的概念"（2012）。作为人类社会生活中最基本的组成部分，权力

（power）深刻地影响着人们的思维方式和行动，在学术界受到了广泛关注（Brick、Zhou、Chartrand 和 Fitzsimons，2021；Han、Smale 和 Lee，2023；Jin 和 Huang，2019；Rucker 和 Galinsky，2008；Rucker、Hu 和 Galinsky，2014；Wang 和 Zhang，2020）。

由于理论视角不同，不同学科领域对于权力的界定不尽相同。权力的定义源于哲学领域，该定义侧重于强调个人意愿对他人的影响，如罗素将权力界定为有意努力的产物，韦伯（Max Weber）认为权力是个体在社会交往中把自身意志强加给他人的可能性。在心理学和消费者行为领域，根据研究层面的不同，权力又可以分为社会权力——是指消费者能够控制他人所重视的资源的能力；个人权力——是指消费者能够控制自我得到资源的途径，从而避免依赖他人的能力（Chang、Jang、Lee 和 Nam，2019；Jia、Wyer 和 Shen，2021；Overbeck 和 Park，2001）。但是，由于实践中对于权力的操纵包括了对一系列有价值资源的控制，既能够影响社会权力，也能够影响个人权力，且没有文献能够区分两者对于个体行为决策的影响程度，因此研究中大多不对两者进行区分。遵循这些以往研究传统，本研究也未将两者进行区分。

本研究采用社会心理学和消费者行为学领域最广泛使用的概念，将权力定义为社会关系中对于有价值资源的不对称控制，包括了强制权（coercive power）、奖赏权（reward power）、专家权（expert power）、合法权（legitimate power）和参照权（referent power）五种最基本来源（Keltner 等，2003）。从定义来看，权力涵盖了社会性和主观性两个基本特点：一方面，“社会关系”和“不对称”体现出权力的社会属性，描述了不同消费者或群体之间相对依存的状态，即低权力者依赖高权力者获得资源和奖励或避免惩罚；另一方面，“有价值资源”反映了权力的主观性，无论是财务资源、职权还是知识产权，对于资源价值性的判断取决于情境和个体主观感知。

6.3.2 权力状态的定义

与真实权力相比，本书对权力状态更为关注，因为消费者的权力状态比实际客观拥有的权力对行为决策的影响更大（Fan、Rucker 和 Jiang，2022；Haidt 和 Rodin，1999；Rucker 和 Galinsky，2008）。权力状态是一种主观心理状态，是消费者对自身拥有的权力的感受和判断，因此也被称为主观权力感知，既包括对自身是否拥有权力的长期感知，也包括某些特定情境因素所激发的短期权力感反应（Fan、Rucker 和 Jiang，2022；Rucker、Dubois 和 Galinsky，2011；Rucker 和 Galinsky，2008；Rucker、Hu 和 Galinsky，2014；Yao 等，2021）。其中长期权力状态受社会地位、经济状况等因素影响，相对稳定；而短期权力状态受消费者日常生活中遇到的环境线索的影响，可能随时发生变化。因此，在消费行为研究中，针对长期权力状态往往通过量表进行测量（Anderson 和 Galinsky，2006；Chang、Jang、Lee 和 Nam，2019），而针对短期权力状态则在行为学实验研究中进行操控（Han、Smale 和 Lee，2023；Jin 和 Huang，2019；Rucker、Hu 和 Galinsky，2014）。

本书关注的短期权力状态是指由情境线索所激发的权力状态感知。消费者对自我的权力感知存在于生活的方方面面，因此权力状态往往会随着消费者所处的情境而发生变化，并易于被情境因素或过往回忆激活（Jiang、Zhan 和 Rucker，2014；Wang 和 Jin，2022；Yao 等，2021）。消费行为学领域已经被证实为有效的操控方法可以分为以下四类：一是结构操控，即操控被试者对金钱等关键资源的控制能力或安排被试者扮演不同社会等级的角色；二是经验操控，即通过要求被试者回忆过往高权力或低权力经历或假想处于某个社会等级的场景进行操控；三是概念操控，即通过让被试者完成单词填补任务或观看相关图像进行操控；四是身体操控，即通过某些特定的身体姿势和姿态表现出权力状态的高低（如座位的相对位置、握手）进行操控（Fan、Rucker 和 Jiang，2022；Rucker 等，2012）。本书采用的是最广为采用的经验操控方式，具体内容请见第 8 章。

6.3.3 权力状态对消费者行为决策的影响

权力状态对消费者决策和行为的影响在心理学、社会学和消费行为学中都有诸多研究，且在中外文献中均有涉及，研究成果可以从心理倾向和心理需要两个视角进行归纳总结。

（1）心理倾向对消费者决策的影响：基于公共和私有导向

权力状态的心理倾向（psychological propensity）是指由权力的心理体验自然引发的倾向和趋势（Rucker 等，2012），是权力状态直接对消费者决策和行为产生的后果，并不需要认知干预。当有且仅有心理倾向起作用时，权力状态在任何情境下对于消费者的影响都是一致的。具体而言，权力状态的心理倾向对消费者决策和行为的影响可以从私有导向和公共导向两个角度来概括，其中私有导向是指通过自我保护、自我主张和自我膨胀来展现自我的存在，而公共导向是指消费者在社会群体中展现出的敏感性和参与性，通过在思考和决策中关心别人来展示自我的存在（Baken，1966）。两者最大的区别是私有导向的消费者更关注自我，而公共导向的消费者更关注他人。

已有研究发现，高权力状态往往伴随着私有导向（Zhang、Ao和Deng，2019），引发了以下这些行为结果。首先，相比于低权力状态的消费者，高权力状态的消费者有更高的主导行动倾向（Galinsky等，2003）、偏好有边界的产品和追求控制（童璐琼，2015）。Galinsky等（2003）通过安排被试者扮演老板或雇员的角色操控其权力状态，发现高权力状态的被试者比低权力状态的被试者更倾向选择在二十一点扑克游戏中拿牌，在面临其他选择时也更快作出决策和采取行动。童璐琼（2015）的研究发现，同低权力组和控制组相比，高权力状态的被试者在消费时倾向选择有明显包装和边框的产品。其次，Smith和Trope（2006）研究发现，同低权力状态消费者相比，高权力状态的消费者更能够以抽象思维处理信息，能够在更高的抽象水平上对信息进行加工分类，更能够看清事情的重点。最后，高权力状态还会影响消费者对于自我和他人的心理效用评价。研究发现，高权力状态的消费者认为自我更有价值，倾向于在自己身上花费更多的钱（Rucker等，2011），对于自身拥有的财产赋予更多价值（Dubois等，2012），更不愿意将资源分配给他人和关心他人福利（Piff等，2010），不偏好绿色消费（Zhang、Ao和Deng，2019）以及偏好利己诉求的产品（吴波等，2013）等。

相反地，低权力状态往往伴随着公共导向（Zhang、Ao和Deng，2019），导致了如下行为结果。低权力状态的消费者在心理上认为他人更为重要，从而愿意在给他人的礼物上花费更多（Rucker等，2011），对于他人拥有的财产赋予更多的价值并倾向低估自己拥有财产的价值（Dubois等，2012），愿意为他人捐赠的比例更高和看重他人福利（Piff等，2010），偏好绿色消费（Zhang、Ao和Deng，2019）以及选择利他诉求的产品（吴波等，2013）等。

（2）心理需要对消费者决策的影响——基于补偿性动机

权力状态的心理需要（psycholgocial need）是指与权力状态相关的、为了获得特定结果的动机或欲望（Rucker 等，2012）。由于低权力状态、权力缺失感通常伴随着不确定性、失去控制权等负面结果，是消费者反感并试图规避的状态，因此低权力状态的消费者会被激活补偿性动机（Jin 和 Huang，2019；Rucker 和 Galinsky，2008；Thomas、Fowler 和 Saenger，2020；Wang 和 Jin，2022）。鉴于地位和身份是传递消费者社会价值和权力状态的重要方式之一，因此低权力状态的消费者倾向于做出能够彰显自我社会地位的行为（Chang、Jang、Lee 和 Nam，2019；Dubois、Rucker 和 Galinsky，2012）。

在消费者行为学领域，学者们针对低权力状态消费者补偿性动机及其对行为结果的影响进行了研究并提出了一些重要的结论。例如，Rucker 和 Galinsky（2009）的研究发现，同高权力状态的消费者相比，低权力状态的消费者更偏好在产品的广告和描述中强调地位（如进口的、高端的）而非功能的信息，更偏好在奢侈品明显部位显露品牌标识。Rucker 和 Galinsky（2011）的研究指出，同高权力状态的消费者相比，低权力状态的消费者更偏好能够彰显社会地位的炫耀性产品，且对于该类产品的支付意愿显著提高。进一步地，如果该类产品是在公开场合而非匿名场合消费和使用的，高低权力状态消费者的支付意愿的差异会更加显著。Dubois 等（2012）提出，低权力状态的消费者更偏好能够传递地位信息的大尺寸产品（如大尺寸披萨、大杯果汁等），且在公开消费场景下这一效应更显著。Jin 和 Huang（2019）针对品牌定位诉求的研究发现，低权力状态的消费者对支配诉求的广告的反应更为积极，因为支配诉求有助于权力恢复；高权力状态的消费者对弱势诉求广告的回应更为积极，因为支持弱势定位诉求有助于他们表达权力。

当消费者的权力状态发生变化时，心理需要和心理倾向的影响可能同时存在，但当权力状态的心理需要被激活且消费者有能力实现补偿性动机时，心理需要的影响优先于心理倾向的影响。例如，当一件产品象征着社会地位时，低权力状态消费者的补偿权力缺失的心理需要会战胜其关注他人福利的心理倾向，从而更愿意将该商品用于自己的需求而非让给他人（Rucker 等，2012）。

综上所述，权力状态是消费者的一种主观权力感知，长期权力状态相对稳定，而短期权力状态受各类因素的影响，可能随时发生变化。当消费者的权力状态发生变化时，会进一步通过心理需要和心理倾向对行为决策产生影响，并且心理需要的影响占主导地位，即权力状态低的消费者，其补偿性动机易被激发，继而会采取行为来缓解其心理状态。

6.3.4 权力状态在消费行为领域的研究概述

权力和权力状态一直是消费者行为领域里的重要概念，受到了学者们的长期关注（Fan、Rucker 和 Jiang，2022；Rucker、Dubois 和 Galinsky，2011；Rucker 和 Galinsky，2008；Rucker、Hu 和 Galinsky，2014；Yao 等，2021）。表 6－8 汇总了消费者行为领域对权力和权力状态的研究成果。这些研究成果具有如下四个特征：

第一，针对权力状态的研究多于对权力的研究。尽管权力和权力状态都是驱动消费者行为的重要因素（Rucker 等，2014），但是相对于权力的稳定性和长期性，权力状态呈现出短期、偶发、多变且易于被情境因素所激活的特征，因此，大多数的学者都认为消费者的权力状态比实际客观拥有的权力对行为决策的影响更大（Fan、Rucker 和 Jiang，2022；Haidt 和 Rodin，1999；Rucker 和 Galinsky，2008）。在表 6 – 8 的 20 篇文献里，有 17 篇（85%）是关于权力状态对消费者行为决策的影响，而仅有 3 篇（15%）是关于权力对消费者行为决策的影响，如对奢侈品牌的企业社会责任活动的响应（Chang、Jang、Lee 和 Nam，2019），消费者转换行为（Jiang、Zhan 和 Rucker，2014）以及对社会影响的接纳（Mourali 和 Yang，2013）。

表 6 – 8　　权力状态的文献汇总

论文	影响因素	心理机制	研究结论
Han、Smale 和 Lee，2023	权力状态	预期幸福感	高（对比低）权力状态增加了消费者对体验类而非物质类消费的偏好
Fan、Rucker 和 Jiang，2022	感知权力	证明理由的必要性	感知权力不对称显著影响消费者对沟通的构建和响应
Wang 和 Jin，2022	权力状态	控制感需求	低（对比高）权力状态促进了消费者的多样化寻求
Brick、Zhou、Chartrand 和 Fitzsimons，2021	共同决策	感知权力	那些放弃一些控制权并与伴侣一起作出决策的人，认为自己拥有比独自作出决策更大的权力，继而提升了对决策时关系的满意度
Jia、Wyer 和 Shen，2021	“请求等待”的措辞方式 感知社会权力	对自由构成了限制（对比自我控制能力）	根据消费者对社会权力的感知，等待请求的措辞（Can you wait? vs. Will you wait?）可能会产生截然不同的影响
Tassiello、Tillotson 和 Rome，2021	产品涉入度	心理权力	消费者语音助手的成功可能很大程度上取决于低参与度产品的推广，这些产品能够让消费者产生强大的心理权力，从而推动购买意愿

续表

论文	影响因素	心理机制	研究结论
Yao 等，2021	权力状态	能力（对比温暖）表达	高（对比低）权力状态消费者对棱角（对比圆形）形状的反应更积极
Lee、Aggarwal、Rafieian 和 Korschun，2020	服务质量 权力状态	对尴尬的预期	在服务质量较低情况下，低（对比高）权力状态消费者不太可能惩罚糟糕的服务质量——只留下少量小费会让他们感到尴尬
Thomas、Fowler 和 Saenger，2020	权力状态	—	低权力状态消费者比高权力状态消费者更愿意参与明星代言品牌的口碑传播
Wang 和 Zhang，2020	主张广告类型权力状态	广告信息与广告产品之间的契合度	对于高（对比低）权力状态消费者来说，主张广告在推广“想要买”的产品方面是有效（对比无效）的，但在推广“应该买”产品方面却是无效（对比有效）的
Chang、Jang、Lee 和 Nam，2019	权力	处理流畅性	高权力消费者对奢侈品牌（象征能力）的企业社会责任活动的反应更为积极，而低权力消费者对非奢侈品品牌（象征温暖）的社会责任评价更高
Jin 和 Huang，2019	权力状态 定位诉求方式（支配对比弱势）	权力恢复与表达	低权力状态的消费者对支配定位诉求的广告的反应更为积极，因为支配定位诉求有助于权力恢复；高权力状态的消费者对弱势定位诉求的回应更为积极，因为支持弱势定位诉求有助于权力的表达
Zhang、Ao 和 Deng，2019	权力状态	自我关注	低（对比高）权力状态的消费者更依赖他人，会促进和鼓励对环境的公共导向，继而会更偏好绿色消费
Jiang、Zhan 和 Rucker，2014	权力	行动准备	诱导消费者感到强大会增加消费者的转换行为

续表

论文	影响因素	心理机制	研究结论
Jin、He 和 Zhang，2014	权力状态 比较参考	对自我重要性的威胁	当支付的价格高于其他消费者时，高权力消费者会感知到更大的价格不公平；当支付的金额高于他们自己在以前的交易中支付的金额时，低权力消费者会感受到更强的不公平
Rucker、Hu 和 Galinsky，2014	权力经历 权力期望	注意力	对权力的经历和期望调节了权力对信息处理和地位寻求的影响。由于权力的体验激发了行动的欲望，而有权势的人也被期望行动，因此无论焦点如何，权力都会产生更多的行动
Mourali 和 Yang，2013	权力 态度确定性	阻抗	当态度确定性较高时，有权力的消费者会通过贬低他人意见来抵制社会影响；当态度确定性较低时，有权力的消费者会故意偏离他人意见，以表明他们的独立性
Dubois、Rucker 和 Galinsky，2012	产品尺寸 权力状态	地位彰显	与高权力状态相比，低权力状态会导致人们选择更大（份）的食物
Rucker、Dubois 和 Galinsky，2011	权力状态	自我对比他人的心理效用	高权力状态消费者在自身的花费高于他人，而低权力状态消费者对他人花费高于自身
Rucker 和 Galinsky，2008	权力状态	对获取的渴望	低权力促使人们渴望获得与地位相关的产品，以弥补权力不足

资料来源：本研究整理（2023）。

第二，部分研究将权力状态视为自变量。现有研究大多认为权力状态是消费者行为决策的一个重要影响因素，提出消费者被情境因素激发出高低权力状态，继而引发了不同的行为决策。据表 6－8 所示，有研究侧重于高权力状态消费者，他们发现高权力状态消费者更偏好体验类产品（Han、

Smale和Lee，2023），倾向于在自己身上花费更多的钱（Rucker等，2011）等。但是更多的研究则是侧重于低权力状态消费者，发现他们多样化寻求行为更多（Wang和Jin，2022），更偏好绿色消费（Zhang、Ao和Deng，2019），更愿意参与明星代言品牌的口碑传播（Thomas、Fowler和Saenger，2020）以及更渴望与地位相关的产品（Rucker和Galinsky，2008）等。

第三，大多研究探究了权力和其他变量相互作用于消费者行为决策。这一部分的研究内容非常丰富，而这些交互影响的变量涵盖的范围较为广泛，如沟通内容与技巧、产品外观、个人态度、认知与期望等。

从沟通内容与技巧的视角来看，有研究侧重于措辞方式，发现服务现场的请求消费者等候的措辞方式和权力状态交互影响消费者的等候意愿（Jia、Wyer和Shen，2021）。也有研究针对主张类广告信息，指出对于高权力状态消费者来说，主张广告在推广“想要买”的产品方面是有效的，但在推广“应该买”产品方面却是无效的。对于低权力状态消费者来说，主张广告在推广“应该买”产品方面有效，但在推广“想要买”的产品方面无效（Wang和Zhang，2020）。还有研究针对广告定位诉求方式，发现低权力状态的消费者对支配定位诉求的广告的反应更为积极，因为支配定位诉求有助于权力恢复；高权力状态的消费者对弱势定位诉求的回应更为积极，因为支持弱势定位诉求有助于权力的表达（Jin和Huang，2019）。

从产品外观视角来看，有研究基于产品形状，发现高权力状态消费者对棱角形状反应更为积极，而低权力状态消费者更偏好圆形形状（Yao等，2021），因为棱角形状象征能力，而圆形形状象征温暖。也有研究针对产品尺寸，提出相比于高权力状态消费者，低权力状态消费者更偏好能够传递地位信息的大尺寸产品（如大尺寸披萨、大杯果汁等），且在公开消费场景下这一效应更显著（Dubois 等，2012）。

从个人的态度、认知和期望视角来看，有研究基于态度确定性，提出当态度确定性很高时，有能力的消费者会通过贬低他人的意见来抵制社会影响；当态度确定性较低时，有能力的消费者会故意偏离他人的意见，以表明他们的独立性（Mourali 和 Yang，2013）。也有研究针对比较参考，发现当支付的价格高于其他消费者时，高权力消费者会感知到更大的价格不公平，而当支付的金额高于他们自己在以前的交易中支付的金额时，低权力消费者会感受到更强的不公平（Jin、He 和 Zhang，2014）。还有研究从权力预期出发，指出对权力的经历或期望的关注调节了权力对信息处理和地位寻求的影响。由于权力的体验激发了行动的欲望，而有权势的人也被期望行动，因此无论焦点如何，权力都会产生更多的行动（Rucker、Hu 和 Galinsky，2014）。

第四，少数研究将权力状态视为心理机制（中介变量）。 如表 6－8 所示，仅有少数研究探究了权力所发挥的心理机制作用。有研究从共同决策视角出发，发现那些放弃一些控制权并与伴侣一起作出决定的人，认为自己拥有比独自作出决定更大的权力，继而导致对决策时的关系有更大的满意度（Brick、Zhou、Chartrand 和 Fitzsimons，2021）。也有研究基于产品涉入度，提出消费者语音助手的成功可能很大程度上取决于低参与度产品的推广，因为这些产品能够让消费者产生强大的心理权力，从而增强其购买意愿（Tassiello、Tillotson 和 Rome，2021）。

综上所述，权力和权力状态一直是消费者行为领域里的重要概念，长期受到学者们的关注，并取得了重要的研究成果（Fan、Rucker 和 Jiang，2022；Rucker、Dubois 和 Galinsky，2011；Rucker 和 Galinsky，2008；Rucker、Hu 和 Galinsky，2014；Yao 等，2021）。然而，从文献中也可以看出，尽管权力状态的研究较为丰富，但鲜有研究探究权力状态作为一种心理机制是如何作用于消费者非经济决策的。为了拓展该领域的研究，本研究基于补偿性动机理论提出权力状态对捐赠行为产生负向影响，与高权力状态相比，低权力状态会引发更多的捐赠行为，因为伴随私有导向的高权力状态使消费者认为自我更有价值，因而他们不愿意将资源分配给他人和关心他人福利，而伴随公共导向的低权力状态使消费者愿意为他人捐赠的比例更高和看重他人福利（Piff 等，2010）。

6.4 本章小结

本章围绕财务受限、捐赠行为以及权力状态三个研究构念进行了翔实而全面的梳理，厘清了发展脉络，提出了已有研究存在的不足之处，为本书以下研究问题的提出和开展作好的准备。

首先，本研究追根溯源，从资源稀缺到财务稀缺再到财务受限领域，梳理并分析了已有文献。总体来讲，尽管现有文献对资源稀缺和财务稀缺的研究较为丰富，但是对财务受限领域的研究则相对较少，尤其是主观财务受限（感）是消费者行为学领域相对较新的概念，研究成果尚未形成完整的体系。此外，已有研究针对财务受限，无论是客观还是主观，都是研究对消费者经济决策的影响，鲜有研究探究财务受限对消费者非经济决策的影响。因此，本研究既关注了客观财务受限，又关注了主观财务受限（感）对消费者捐赠行为的影响，研究拓展了财务受限作用于非经济决策的研究领域。

其次，本研究追根溯源，从亲社会行为到帮助行为再到捐赠行为，梳理并分析了已有文献。总体来看，尽管国内外现有文献对捐赠行为的影响因素和捐赠动机都进行了积极的探索并提出了有价值的研究结论，但现有关于影响因素的研究多集中在个体特征和慈善组织募捐策略，而针对情境线索因素的研究则较少。鉴于情境因素的偶发性、多发性，且易于被企业、政府和慈善组织所利用，因此研究情境因素对消费者捐赠行为的影响具有重要的理论和现实意义。本研究提出的财务受限感就是这样一个情境激发因素，并提出该情境因素会提升消费者的捐赠行为，拓展了捐赠行为的影响因素领域的研究内容。

最后，从捐赠动机的文献来看，大部分的研究聚焦利己利他动机对消费者捐赠行为的影响，也有一部分研究侧重于其他动机，如声誉动机或心理价值动机，但鲜有研究从消费者权力状态入手，探究权力状态对补偿性动机的激发，继而导致消费者采用补偿性行为来恢复低权力状态。本研究从这个视角出发，探索了财务受限感引发了消费者的低权力状态，继而为了恢复低权力状态而采用了更多的捐赠行为，一方面是对捐赠动机领域的重要补充，另一方面也探索了捐赠行为对低权力状态的补偿以及对财务受限感的缓解，具有重要的理论意义、实践意义和社会价值。

第 7 章

消费者客观财务受限对捐赠意愿的影响

第 7 章是本书的子研究一，旨在探索消费者客观财务受限与其捐赠行为之间的关系，采用了问卷方法进行实证研究。本章共分为以下四个内容：一是概述了客观财务受限和捐赠行为的相关研究，提出了研究问题；二是介绍了研究方法，包括抽样和样本、问卷设计、变量测量以及统计分析方法；三是汇报了研究结果；四是汇总研究结论并进行讨论。

7.1 研究背景与研究问题的提出

如第 6 章所述，学术界关于捐赠意愿的影响因素及其动机的研究已经较为成熟，这些研究成果为子研究一问题的提出提供了重要的理论支撑。本节将从宏观经济环境、物质环境以及财务稀缺三个方面入手，探讨客观财务受限对消费者捐赠行为的影响，并提出研究问题。

7.1.1 宏观经济环境与消费者捐赠行为

现有捐赠行为影响因素的文献表明，影响消费者捐赠行为的因素不仅包括微观个人因素，如人格特征、社会特征以及心理特征等（Han、Lalwani 和 Duhachek，2017；Liang、Chen 和 Lei，2016；McAllister 和 Makkai，2021；Wang、Kirmani 和 Li，2021；Vieites、Goldszmidt 和 Andrade，2021；Winterich 和 Zhang，2014；Xu、Kwan 和 Zhou，2020），或者是慈善组织的募捐技巧（Ein – Gar、Levontin 和 Kogut，2021；Fajardo、Townsend 和 Bolander，2018；Rifkin、Du 和 Berger，2021；Sepehri 等，2021；Yang 和 Hee，2021；Yin、Li 和 Singh，2020），还包括宏观环境因素，如政府立法与政策、非营利组织管理以及营利组织的善因营销管理等（Barman，2007；Buffardi 等，2017；Meier，2004；Hogg，2018；Hu 和 Guo，2016；Martin 和 Randal，2008；Wen、Kim 和 Bowen，2023；Wiepking 等，2021；杨方方，2004；Yu、Shen 和 Li，2021）。

在这些宏观因素中，环境因素也能决定消费者的捐赠行为（Frey 和 Meier，2004；Martin 和 Randal，2008），其中经济、政治和科技环境的影响尤为突出（杨方方，2004；Barman，2007；Wiepking 等，2021）。例如，结合中国实际，有学者指出中国慈善事业的发展离不开适宜的经济、政治和科技环境，因为经济发展程度决定着人们物质生活的状况，影响着人们捐赠的能力，而政治上政府对慈善事业的扶持和鼓励程度直接影响慈善事业的总体发展（杨方方，2004）。同时各种相关制度，如税收制度、激励制度是否完善和优越都能促进或阻碍慈善组织的生存与发展（Hu 和 Guo，2016）。因此，宏观环境通过对慈善事业的总体影响和对慈善组织的管理而间接影响捐赠人的捐赠行为（Barman，2007）。在宏观因素中，中国政府发挥巨大的作用，而政府调控慈善捐赠的政策主要由经济政策、法律政策和行政政策三种形式（郭健，2009；Hu 和 Guo，2016），其中税收（如捐赠可以减免个人所得税）政策属于经济政策的范畴。

从理论与实证研究来看，一个国家或地区的经济发展水平与该地区消费者的捐赠意愿之间都存在着显著影响关系（Barman，2007；Wiepking 等，2021）。经济发展水平高的国家和地区，其普通公众参与慈善捐赠的意愿较高，且捐赠金额、规模以及参与深度与频率都显著高于经济发展水平低的国家和地区（Buffardi 等，2017；Wiepking 等，2021；Yu、Shen 和 Li，2021）。学界普遍认为，总体经济发展水平决定了普通公众的个人收入水平和生活质量，只有他们在财务资源能够满足自身日常生活需要后，才会将多余的资源分享给他人（Frey 和 Meier，2004；Martin 和 Randal，2008；Wiepking 等，2021）。

从现实背景来看，一个国家或地区的经济发展水平显著影响其公众的慈善捐赠行为。以我国为例，20 世纪 80 年代末我国的捐赠事业起步时，经济发展水平较为落后，人均收入显著低于欧美等发达国家，居民生活水平还处于从贫困到温饱的过渡阶段，因此财务资源的绝对性稀缺限制了普通公众的捐赠意愿。随着经济的不断发展，我国人均收入保持迅速增长的态势。根据麦肯锡咨询公司的报告，2012 年年收入在 6 万—22.9 万元人民币的中产阶级占所有城市家庭的 68%；至 2022 年，中产阶级的比例上升至 76%，且其中的 71% 是年收入在 10.6 万—22.9 万元人民币的上层中产阶级。由于公众的生活水平逐渐脱离贫困并由小康实现富裕，财务资源的绝对性稀缺已不再是制约普通公众小额捐赠行为的决定性因素。换言之，随着经济发展水平的不断提高，消费者的捐赠金额、捐赠规模、捐赠频率等都显著提高，截至2020年我国接受境内外慈善捐赠2253.13亿元人民币，占国内生产总值的比重为0.22%①。

综上所述，上述理论研究和现实背景表明，一个国家或地区的经济发展水平对该地区的消费者捐赠行为存在显著影响。由此，子研究一提出如下研究问题：

问题1：消费者所在城市的经济发展水平是如何影响其捐赠行为的？

本研究采用2022年中国商业魅力城市排行榜所划分的中国城市的级别来回答该研究问题。该榜单从商业资源集聚度、城市枢纽性、城市人活跃度、生活方式多样性和未来可塑性这5大维度，对337个中国城市进行评估，至今已经发布5次②。根据该榜单，中国城市主要分为6个级别，包括超一线、一线、二线、三线、四线以及五线城市。具体细节见7.2.1节。

7.1.2 财务受限与消费者捐赠行为

捐赠行为的个人影响因素的研究表明，消费者的捐赠决策不仅受到包括社会特征（如居住流动性；Wang、Kirmani和Li，2021）和心理特征（如控制感；Xu、Kwan和Zhou，2020）在内的个人因素的影响，还受到个人特征的影响，如

① 中国人民大学财税研究所，促进共同富裕的税收制度与政策研究，http：//ipft.ruc.edu.cn/yjcg/sdpl/1a9ca20a7edb43df9273e75d14ce03c4.htm，2023-3-15。此外，受疫情影响，2021年（1192.5亿元）和2022年（1085.3亿元）慈善捐赠总额大幅度低于2020年数据，2023年数据在截稿前尚未发布，因此，此处汇报2020年数据。

② 第一财经（2022），《2022年城市商业魅力排行榜》发布，https://mp.weixin.qq.com/s?biz=MzA5Njk5NjcwMg==&mid=2651302364&idx=4&sn=2be8530a6cd7e41c2c8d0ccdb4f4cf13&chksm=8b5495edbc231cfbe381a99f630eac352bec4da1573794cce435577834da80daf5fe3aab08f9&scene=27，2023-3-15。

性别（迟毓凯，2009；Brunel 和 Nelson，2000；Vrugt 和 Carolijn Vet，2009）、受教育程度（Jamens，2006）、年龄（Randolph，1995）、宗教信仰（郭健，2009；Ranganathan 等，2008）以及道德认同（Aquino 和 Reed，2002）等。除上述人口统计特征之外，消费者财务状况也显著影响其捐赠行为（Holland 等，2012；Piff 等，2010）。

针对财务资源状况对消费者捐赠行为的影响作用，学者们主要从客观财务水平和社会阶层两个方面入手进行了研究，但尚未得到统一结论。首先，前人关注财务资源的客观水平对捐赠行为的影响，但出现了矛盾的研究结果。一些学者认为客观财务水平正向影响其捐赠行为，如财务资源的匮乏抑制了捐赠意愿（Sargeant 和 Woodliffe，2007）；由于受制于资源的稀缺，物质财富相对匮乏的人更不愿意同他人分享自己的有限资源，更容易表现出自利行为，因此参与捐赠的意愿较低（Holland 等，2012）等。另外一些学者则提出消费者财务资源水平和捐赠行为之间是 U 型关系，即贫困和富裕群体的捐赠规模占收入的比例都显著高于中产阶层捐赠的比例（James 和 Sharpe，2007）。还有学者指出消费者财务水平负向影响其捐赠行为，如低收入人群的捐赠与工资之比高于高收入人群（James 和 Sharpe，2007）；同物质财富充足的人相比，物质财富相对匮乏的人会表现得更加慷慨和乐于助人，因此更愿意参与慈善捐赠（Piff 等，2010）等。

其次，前人针对社会阶层及其相关构念对亲社会行为的影响也进行了研究，他们发现低社会阶层的消费者呈现了更多的慷慨行为。例如，有学者发现基于排序的过程会激发消费者的恻隐之心，继而引发亲社会行为（Goetz 等，2010）；也有学者发现，在社会权力评分上较低的消费者更同情陌生人所显露出的痛苦，也更愿意采取亲社会行为方式（Van Kleef 等，2008）；还有学者指出，同高社会阶层消费者相比，低社会阶层消费者更加慷慨和乐于助人，因为他们希望通过这些亲社会行为来适应恶劣的外部环境（Piff 等，2010）。此外，一些跨文化研究也提供了类似的发现（Henrich 等，2001）。究其原因，学者们指出低社会阶层的消费者会显示更多的亲社会行为是因为他们拥有较少的资源，同时对其他人的经济依赖较高。也有一些研究进一步指出，不同社会阶层的人对其捐赠资源的分配也显著不同。例如，Vieites 等（2021）基于社会阶层的视角探索其捐赠自愿分配方式。他们发现低社会阶层的消费者更喜欢为紧急原因（如缓解饥饿）捐款，而高社会阶层的消费者则更愿意为非紧急原因（如鼓励文化活动）捐款，其原因在于低社会阶层消费者的稀缺性经历更多，使他们对人们未满足的基本需求会产生更高内在同情，继而提升了他们对紧急原因的捐款偏好。

上述针对消费者客观财务资源和捐赠行为的研究，虽然尚未达成一致的研究结论，但是无论从收入水平还是社会阶层进行考察，研究结果一致反映了客观财务受限和捐赠行为之间存在显著相关关系。为了进一步厘清两者之间的关系是正向还是负向，本书提出了如下研究问题，并基于消费者自我汇报的月收入水平来回答该研究问题。

问题 2：消费者客观财务受限水平（月收入水平）是如何影响其捐赠行为的？

7.1.3 消费者捐赠行为的测量

现有研究通常采用对消费者捐赠意愿或者行为的测量来衡量其对受益人的帮助。在子研究一里，除了测量消费者的捐赠意愿之外，还测量了消费者过往捐赠经历和感知个人捐赠能力两个变量，其具体原因如下。

（1）过往捐赠经历

过去捐赠经历（previous donation experiences）的重要性得到了心理学和社会学的学者们的关注（Markus 和 Wurf，1987）。学者们认为，许多行为都是由个人过去的行为决定的（Sutton，1994）。有研究表明过往行为是对意愿和行为的一个关键的预测变量，而且对行为的预测要比对态度的预测更为准确（Bozionelos 和 Bennett，1999；Conner 和 Armitage，1998；Norman 和 Smith，1995）。从捐赠等亲社会行为角度看，过往行为是现在和未来捐赠行为的最为重要的预测变量（Gruseck，1982；Lee 等，1999）。以献血为例，有研究发现儿童的献血意愿受到父母过去献血行为的影响（Gruseck，1982）。

（2）感知个人捐赠能力

感知个人捐赠能力（perceived donation capability）是指消费者对个人是否具备帮助他人能力的一种主观判断。现有研究表明，引发捐赠行为的一个很重要的因素是提供帮助者认为自己有能力帮助他人（Midlarsky，1984）。如果潜在捐赠者认为自己有能力处理某一情况，他提供帮助的可能性也就越大，帮助行为的效果也就越好。从捐赠者和受益者的角度出发，帮助行为主要发生在具有兴趣和足够能力的领域（Zhang、Xia 和 Li，2007），而这种能力体现在两方面：其一是反映在个人能力与所倡导的行为之间的一致性（Bandura，1986），其二是反映在所倡导的行为与目前需要解决的问题之间的匹配度（Witte，1992）。在某种程度上，若个人认为自己可以轻易地完成所倡导的捐赠行为，那么他进行捐赠的可能性更高（Basil、Ridgway 和 Basil，2008；Septianto、Seo 和 Paramita，2022；Septianto 和 Paramita，2021）。

除了上述方面之外，一些学者还从经济学的角度出发，探讨了人们在何种条件下会更乐于助人。助人得失分析表明，人们会最大限度地减少自身的成本，增加自身的收益（Morvinski，2022；Piliavin 等，1981；Zhang、Cai 和 Shi，2021）。当个人认为提供帮助时所能获得的收益要高于不提供帮助时，其提供帮助的可能性会提高；或者说，当人们感知到的利益越大，表现出帮助行为的可能性也就越高（Kassirer、Jordan 和 Kouchaki，2023；Warren 和 Walker，1991）。由此可以看出，捐赠人对个人捐赠能力的感知会影响其捐赠意愿。

综上所述，鉴于过往捐赠经历和感知个人捐赠能力对捐赠行为的可预测性，子研究一将其作为自变量放入研究之中以增强模型的预测能力。

7.2 研究设计

研究一旨在探索消费者客观财务受限与捐赠行为之间的关系。为了实现此研究目的，本研究采用了问卷调查的方法。本节主要介绍了如下几个部分的内容：样本选择与样本描述、问卷设计与所含内容、变量测量以及数据分析方法。

7.2.1 样本选择与样本描述

本研究的目的是探究消费者客观财务状况与其捐赠行为之间的关系，因此在确立抽样原则中，本研究主要依据消费者所生活的地区的财务状况进行抽样和问卷发放。但与以往研究中大多采用的八个经济区划（如东北、西北、华北、华南、西南等）不同，本研究采用2022城市商业魅力排行榜所涉及的超一线到五线城市进行抽样发放问卷，其数据更能准确地回答本研究提出的研究问题。我们共发放了2300份问卷，有效样本为1853份，问卷有效率为80.6%，满足了问卷调研对于样本有效率的要求。表7-1汇总了样本总数、参与者所在城市的级别以及该级别城市的举例。

表7-1　样本所在城市级别汇总

城市级别	代表城市	样本量	样本占比
超一线	北京、上海、深圳、广州	904	48.8%
一线	成都、西安、天津、青岛	594	32.1%
二线	长春、太原、南昌、兰州	163	8.8%
三线	吉林、汕头、洛阳、绵阳	18	1.0%
四线	营口、乐山、眉山、西宁	149	8.0%
五线	松原、雅安、辽源、内江	25	1.3%
合计		1853	100.0%

资料来源：本研究整理（2023）。

在有效问卷中，从性别来看，女性参与者略高于男性参与者（50.4%对比49.3%）；从年龄层次来看，大部分参与者都在25—34岁的年龄区间里（35.1%），然后是35—44岁（29.7%）、45—55岁（19.4%）、18—24岁（12.0%）、56岁以上（3.7%）；从受教育程度来看，大部分参与者都是大学学历（42.5%），然后是大专学历（22.8%）、大专以下学历（23.1%）、研究生以上学历（11.5%）；就月收入来看，绝大部分参与者（60.6%）的月收入为2000—7999元，还有少数参与者的月收入低于2000元（17.5%）或者高于8000元（21.8%）。总体来看，问卷参与者的覆盖面和代表性良好，因此可以用于后续统计分析。

7.2.2 问卷结构与内容

问卷包括四个部分，其中第一部分为导入部分，包括参与者的慈善基本知识和以往的捐赠状况；第二部分是捐赠的宏观环境因素的调查，请参与者就其捐赠行为所受到的环境影响因素进行评价，包括国家政策、社会经济、法律法规、文化与科技等；第三部分是问卷的主体内容，用来衡量参与者对自己捐赠行为的评价，如过往捐赠经历、捐赠能力以及捐赠意愿，分别用里克特 7 级量表进行测量（1 = 非常不同意；7 = 非常同意）；第四部分是关于参与者的人口统计特征，包括年龄、性别、受教育程度以及月收入水平。其中，第三部分的变量是本研究的三个主要因变量，第一部分里的所在城市和第四部分的月收入水平是本研究的两个自变量。

7.2.3 自变量测量

为了更好地衡量消费者财务现状，本研究采用了两个自变量，分别是参与者“个人月收入水平”（以下简称“月收入水平”）和代理变量“所在城市吸引力级别”（以下简称“城市级别”），其中前者是自我汇报数据，后者是问卷发放的客观数据。

（1）月收入水平

本研究采用了消费者自我汇报的月收入金额区间来衡量消费者的财务受限现状。根据国家对最低收入的规定，我们采用月收入低于 2000 元作为第一个区间，之后每隔 3000 元即为一个区间，以此类推。表 7 – 2 汇总了月收入水平区间及其在数据库中的编码。编码越小说明该参与者的客观财务受限程度越高，编码越大说明其客观财务受限程度越低。

表 7－2　　月收入水平区间及其在数据库中的编码

月收入水平区间	编码
低于 1999 元	1
2000—4999 元	2
5000—7999 元	3
8000—9999 元	4
10000 元以上	5

资料来源：本研究整理（2023）。

（2）城市级别

除了采用消费者自我汇报的月收入水平作为自变量之外，本书还采用了城市级别作为代理变量。城市级别是指根据 2022 年中国商业魅力城市排行榜所划分的中国城市的级别。该榜单从商业资源集聚度、城市枢纽性、城市人活跃度、生活方式多样性和未来可塑性这五大维度，对 337 个中国城市进行评估，至今已经发布 5 次①。根据该榜单，中国城市主要分为 6 个级别，包括超一线、一线、二线、三线、四线以及五线。上述级别的划分是完全根据上述五个维度进行，打破了直辖市、省会城市以及一般城市的界限。例如，作为直辖市的天津和重庆在该榜单上都是一线城市，而作为省会城市的广州则是超一线城市，长春、太原、兰州等则是二线城市，作为一般城市的青岛、宁波等是一线城市。

① 第一财经（2022），《2022 年城市商业魅力排行榜》发布，https://mp.weixin.qq.com/s?__biz=MzA5Njk5NjcwMg==&mid=2651302364&idx=4&sn=2be8530a6cd7e41c2c8d0ccdb4f4cf13&chksm=8b5495edbc231cfbe381a99f630eac352bec4da1573794cce435577834da80daf5fe3aab08f9&scene=27,2023－3－15。

该榜单上的城市级别反映了该城市的商业价值，换言之，反映了该城市的经济水平，也间接反映了该城市居民的经济生活水平。超一线城市的消费者，其财务现状被认为优于一线及以下城市，以此类推。因此，用城市级别作为代理变量来衡量一个地区的居民经济生活水平具有科学性和合理性。表7－3总结了城市级别及其在数据库中的编码。根据该编码，参与者所在城市的编码越低，表明其经济水平越高，客观财务受限程度越低；编码越高，说明所在城市的经济水平越低，客观财务受限程度越高。

表7－3　城市级别及其在数据库中的编码

城市级别	代表城市	编码
超一线	北京、上海、深圳、广州	1
一线	成都、西安、天津、青岛	2
二线	长春、太原、南昌、兰州	3
三线	吉林、汕头、洛阳、绵阳	4
四线	营口、乐山、眉山、西宁	5
五线	松原、雅安、辽源、内江	6

资料来源：本研究整理（2023）。

7.2.4　自变量测量

为了更好地反映消费者的捐赠行为，本研究采用了三个因变量，包括过往捐赠经历、感知个人捐赠能力以及捐赠意愿。

（1）过往捐赠经历

通过对以往研究的总结发现，个人以往的捐赠行为会对其未来的行为产生影响，因此本研究将消费者对其过往捐赠行为的评价作为一个变量进行测量。本书借鉴已有研究的测量方式（Smith 和 McSweeney，2007）并将结果汇总于表 7－4。

表 7－4　过往捐赠经历测项

序号	测项	测量方式
1	我从来没有进行过任何捐赠（反向）	Likert 7 级量表 1＝非常不同意 7＝非常同意
2	在过去一年里，我没有进行过任何捐赠（反向）	
3	我不经常进行捐赠（反向）	
4	我经常进行捐赠	

资料来源：本研究整理（2023）。

（2）感知个人捐赠能力

从现有文献来看，消费者在作出捐赠决策前都会考虑自己的财务能力，因此这个因素会影响其捐赠额度和频率。本研究将消费者对其捐赠能力的评价作为主要因变量进行了测量。本研究借鉴了已有研究的测量方式（Basil、Ridgway 和 Basil，2008）并将结果汇总于表 7－5。

表 7－5　感知个人捐赠能力的测项

序号	测项	测量方式
1	我没有捐赠是因为我的捐赠数额难以改变受益人的境况	Likert 7 级量表 1＝非常不同意 7＝非常同意
2	我没有捐赠是因为所要求的捐赠数额超过了我的经济能力	
3	我没有捐赠是因为我没有足够的经济能力捐赠	

资料来源：本研究整理（2023）。

（3）捐赠意愿

本研究借鉴已有研究的测量对消费者捐赠意愿进行了测量（Basil、Ridgway 和 Basil，2006）并将结果汇总于表 7－6。

表 7－6 捐赠意愿的测项

序号	测项	测量方式
1	我曾经有过帮助那些需要帮助的人的想法	Likert 7 级量表 1 = 非常不同意 7 = 非常同意
2	我愿意为那些需要帮助的人做些事情	
3	我曾经想过能从哪些具体的方面来提供帮助	
4	我想让需要帮助的人过得好一些	

资料来源：本研究整理（2023）。

7.2.5 数据分析方法

此次调研共发放 2300 份问卷，每份问卷都进行了编号。在回收了 1878 份问卷之后，调研者将填写不完整和严重不认真的问卷进行了剔除，将合格问卷进行重新编号并保存。在收集数据工作完成后，本研究进行了数据录入并对原始数据进行了整理。首先进行的工作是对数据的预处理，本研究对缺失值采用统计软件 SPSS 中的均值替代的方法进行填补。其次，对于主体数据缺失较为严重以及填写出现严重错误的问卷，本书在调研人员删除的基础上进行了二次剔除，最后得到有效问卷数目为 1853 份。之后，本研究使用了统计软件 SPSS 对数据进行了处理和分析，包括计算、编码以及后续的统计分析，如线性回归与方差分析等。研究结果在 7.3 节进行汇报。

7.3 研究结果

本研究首先汇报描述性统计结果，之后汇报回归分析结果，用以回答所提出的研究问题。

7.3.1　描述性统计分析结果

除了在 7.2.1 节里汇报的人口统计分析结果外，本研究还对参与人过往捐赠情况进行了调研，具体结果如下。

（1）捐赠方式

从具体的捐赠方式上看，捐款（88%）、捐物（71%）是最主要的捐赠行为，而献血（25%）和当志愿者（11%）的比例都较低，这反映了中国公众慈善意识尚不强，因为献血和捐赠时间更能体现自愿性的捐赠。

（2）捐赠途径

大多数中国公众都是通过所在工作单位进行捐赠（87%），相比而言，直接通过慈善组织的捐赠却很少（低于 20%），这也是中国慈善事业捐赠人的又一个特色，即工作单位取代了非营利组织的角色成为了募捐主体，而直接面向个人的捐赠则更少。但由于互联网公益平台（如腾讯公益、水滴筹等）的蓬勃发展，越来越多的捐赠人都开始通过公益平台对受益人进行捐赠，而不是主要依赖所在单位进行捐赠，募捐途径更为广泛、灵活且有效。

（3）信息渠道

从公众了解慈善信息的渠道看，电视是传递信息的主要媒介（88%），其次是报纸杂志（74%）和网络（66%），而广播和户外广告对公众的影响较小（低于 40%）。从未来发展趋势来看，互联网相关媒体平台已经成为公众了解捐赠信息的最为主流的媒体。以腾讯公益为代表的互联网公益平台在促进个人捐赠方面发挥了重要作用，例如2023年腾讯公益联合多家网络公益平台举办的“99公益日”期间，公众参与人数累计超过1.2亿人，共募得善款38亿元。

（4）捐赠项目类型

从捐赠的项目来看，救灾（72%）和教育（48%）得到的支持最高，其次是医疗（42%）、扶贫（38%）和环保（32%）项目，但对公共设施和文化建设的关注度较低（低于25%）。

综上所述，本次调研的参与者的以往捐赠行为表现出一定的规律性，如他们大多通过电视、报纸和网络获取慈善捐赠知识，大多支持教育、救灾、医疗以及扶贫等国家发展的大问题，同时他们往往会通过工作单位进行捐款和捐物，但出现了通过互联网公益平台进行个人捐赠的趋势。

7.3.2 数据分析结果

如前文所述，本研究采用了两个自变量来反映消费者的客观财务现状，一个是自我汇报的月收入情况，另外一个采用了所在城市级别为代理变量。同时，本研究也采用了3个因变量来反映捐赠行为，分别是过往捐赠经历评价、感知个人捐赠能力评价以及捐赠意愿。在下文的结果汇报中，本研究将分别汇报两个自变量对三个因变量的影响。

（1）月收入水平对捐赠行为的影响

参与者的月收入水平共有5个层级（1＝低于1999元；5＝10000元以上），编码越小，说明其月收入水平越低，客观财务受限程度越高；编码越大，说明其月收入水平越高，客观财务受限程度越低。

①**月收入水平对过往捐赠经历的影响。**我们首先对捐赠经历的 4 个测项进行了信度分析，将第 4 个测项删除后，信度值符合要求（Cronbach's $\alpha = 0.589$）。之后将 3 个测项分别进行了反向编码后，取均值获取捐赠经历指数。该指数的数值越大说明捐赠经历越多。

之后我们以月收入为自变量，捐赠经历指数为因变量进行线性回归分析。结果显示月收入水平和捐赠经历之间存在显著的正向关系（$b = 0.048$，$t = 2.264$，$p = 0.024$），说明月收入水平不同的消费者，其捐赠经历也存在显著差异。进一步通过单因素方差分析显示，月收入水平越高的消费者，其捐赠经历越多；反之亦然［$F(5, 1828) = 6.031$，$p = 0.016$，$\eta^2 = 0.016$］，具体的均值和标准差请见表 7－7。

表 7－7　　过往捐赠经历均值和标准差

收入水平	捐赠经历均值	捐赠经历标准差
低于 1999 元	5.01	1.13
2000—4999 元	5.32	1.07
5000—7999 元	5.33	1.07
8000—9999 元	5.05	1.23
10000 元以上	5.40	1.09

②**月收入水平对感知个人捐赠能力的影响。**我们首先将捐赠能力的 3 个测项进行了信度分析，其信度值符合要求（Cronbach's $\alpha = 0.672$）。之后将 3 个测项取均值获取捐赠经历指数。该指数的数值越大说明捐赠能力越弱。

之后我们以月收入为自变量，捐赠能力指数为因变量进行线性回归分析。结果显示，月收入水平和捐赠能力之间存在显著的负向关系（$b = -0.239$，$t = -7.737$，$p < 0.001$），说明月收入水平不同的消费者，其捐赠能力也存在显著差异。进一步通过单因素方差分析显示，月收入水平越高的消

费者，其捐赠能力越强，反之亦然[$F(5,1829)=13.822$，$p<0.001$，$\eta^2=0.036$]，具体的均值和标准差请见表 7－8。

表 7－8　　感知个人捐赠能力均值和标准差

收入水平	捐赠能力均值	捐赠能力标准差
低于 1999 元	3.76	2.05
2000—4999 元	3.56	1.53
5000—7999 元	3.31	1.52
8000—9999 元	2.75	1.57
10000 元以上	2.98	1.41

③**月收入水平对捐赠意愿的影响。**我们首先对捐赠意愿的 4 个测项进行了信度分析，其信度值符合要求(Cronbach's $\alpha=0.742$)。之后将 4 个测项取均值获取捐赠意愿指数。该指数的数值越大说明捐赠意愿越强。

之后我们以月收入为自变量，捐赠能力指数为因变量进行线性回归分析。结果显示，月收入水平和捐赠能力之间存在边缘显著的正向关系（$b=0.036$，$t=1.798$，$p=0.072$），说明月收入水平不同的消费者，其捐赠意愿也存在显著差异。进一步通过单因素方差分析显示，月收入水平越高的消费者，其捐赠意愿越高，反之亦然[$F(5,1833)=2.237$，$p<0.05$，$\eta^2=0.006$]，具体的均值和标准差请见表 7－9。

表 7－9　　捐赠意愿均值和标准差

收入水平	捐赠意愿均值	捐赠意愿标准差
低于 1999 元	5.55	1.19
2000—4999 元	5.75	1.07
5000—7999 元	5.77	0.99
8000—9999 元	5.76	0.87
10000 元以上	5.73	1.06

综上所述，消费者的月收入水平与其捐赠经历、捐赠能力以及捐赠意愿之间都存在着显著关系。总体来看，消费者的月收入水平越高，其捐赠经历越多，捐赠能力越强，捐赠意愿越高。反之，消费者月收入水平越低，其捐赠经历越少，捐赠能力越弱，捐赠意愿越低。

（2）所在城市级别对捐赠行为的影响

如前文所述，参与者所在城市级别共有6个层级（1 = 超一线；6 = 五线），编码越小，说明其所在城市的级别越高，商业水平越高，间接说明该城市的消费者的财务受限程度越小；编码越大，说明其所在城市的级别越低，商业水平越低，间接说明该城市的消费者财务受限程度高。

在初步的描述性分析中，可以看到二线（8.8%）、三线（1.0%）数量较少，因此将其合并重新编码为“3”；同样，四线（8.0%）、五线（1.3%）城市的数量也较少，因此将其合并，重新编码为“4”。重新编码后的城市级别为4级，分别是1 = 超一线（$N = 904$，48.8%）；2 = 一线（$N = 594$，32.1%）；3 = 二、三线（$N = 181$，9.8%）；4 = 五、六线（$N = 174$，9.3%）。

①**城市级别对过往捐赠经历的影响**。我们首先对捐赠经历的4个测项进行了信度分析，将第4个测项删除后，信度值符合要求（Cronbach's $\alpha = 0.589$）。之后对3个测项分别进行了反向编码后，取均值获取捐赠经历指数。该指数的数值越大说明捐赠经历越多。

之后我们以城市级别为自变量，捐赠经历指数为因变量进行线性回归分析。结果显示，城市级别和捐赠经历之间存在显著的正向关系（$b = 0.058$，$t = 2.152$，$p = 0.031$），说明所在城市级别不同的消费者，其捐赠经历也存在显著差异。进一步通过单因素方差分析显示，城市级别越高的消费者，其捐赠经历越多；反之亦然 [$F(3,1830)=2.490$，$p=0.059$，$\eta^2=0.004$]，具体的均值和标准差请见表 7－10。

表 7－10　　过往捐赠经历均值和标准差

城市级别	捐赠经历均值	捐赠经历标准差
超一线	5.21	1.20
一线	5.23	1.04
二、三线	5.44	0.95
四、五线	5.34	0.96

②**城市级别对感知个人捐赠能力的影响**。我们首先对捐赠能力的 3 个测项进行了信度分析，其信度值符合要求（Cronbach's $\alpha=0.672$）。之后将 3 个测项取均值获取捐赠经历指数。该指数的数值越大说明捐赠能力越弱。

之后我们以城市级别为自变量，捐赠能力指数为因变量进行线性回归分析。结果显示，城市级别和捐赠能力之间存在显著的正向关系（$b=0.102$，$t=2.544$，$p=0.011$），说明所在城市级别不同的消费者，其捐赠能力也存在显著差异。进一步通过单因素方差分析显示，所在城市级别越高的消费者，其捐赠能力越弱；反之亦然[$F(3,1831)=5.417$，$p=0.001$，$\eta^2=0.009$]，具体的均值和标准差请见表 7－11。

表 7－11　　感知个人捐赠能力均值和标准差

城市级别	捐赠能力均值	捐赠能力标准差
超一线	5.25	1.77
一线	5.58	1.47
二、三线	3.34	1.51
四、五线	3.55	1.64

③**城市级别对捐赠意愿的影响**。我们首先对捐赠意愿的 4 个测项进行了信度分析，其信度值符合要求（Cronbach's

$\alpha = 0.742$）。之后将4个测项取均值获取捐赠意愿指数。该指数的数值越大说明捐赠意愿越强。

之后我们以城市级别为自变量，捐赠意愿指数为因变量进行线性回归分析。结果显示，城市级别和捐赠能力之间存在显著正向关系（$b = 0.104$，$t = 4.052$，$p < 0.001$），说明所在城市级别不同的消费者，其捐赠意愿也存在显著差异。进一步通过单因素方差分析显示，所在级别越高的消费者，其捐赠意愿越高，反之亦然［$F(3, 1835) = 7.931$，$p < 0.001$，$\eta^2 = 0.013$］，具体的均值和标准差请见表7－12。

表7－12　捐赠意愿均值和标准差

城市级别	捐赠意愿均值	捐赠意愿标准差
超一线	5.60	1.09
一线	5.83	1.00
二、三线	5.77	1.21
四、五线	5.89	0.84

综上所述，消费者所在城市级别与其捐赠经历、捐赠能力以及捐赠意愿之间都存在着显著关系。总体来看，消费者所在城市的级别（四、五线）越低，其捐赠经历越多，捐赠能力越强，捐赠意愿越高。反之，消费者所在城市级别越高（超一线），其捐赠经历越少，捐赠能力越弱，捐赠意愿越低。

7.4 研究结论与讨论

子研究一采用了个人月收入水平和所在城市级别来反映

消费者客观财务现状，采用了捐赠经历、捐赠能力以及捐赠意愿来衡量消费者捐赠意愿。通过线性回归和单因素方差分析，子研究一呈现了如下研究结果。

第一，从总体结果来看，无论消费者的客观财务状况是通过月收入水平，还是通过所在城市商业吸引力级别衡量的，消费者客观财务状况都对其捐赠行为存在显著影响。然而两个不同自变量对捐赠行为的影响方向全然不同，其中前者是正向相关关系，后者是负向相关关系，该发现与已有文献出现的分歧非常相似。

第二，从消费者自我汇报的月收入水平来看，消费者客观财务现状与捐赠行为之间存在显著正向关系。消费者的月收入水平越高，其捐赠行为越多，包括捐赠经历越多、捐赠能力越强以及捐赠意愿越高。反之，消费者的月收入水平越低，其捐赠行为越少，包括捐赠经历越少、捐赠能力越弱以及捐赠意愿越低。如前文所述，消费者月收入水平可以用来衡量其客观财务受限程度，月收入水平越低说明其客观财务受限水平越高，因此上述发现可以概括为：消费者客观财务受限水平越高，其捐赠行为越少。该发现与部分已有研究结果一致，财务资源的匮乏抑制了捐赠意愿（Holland 等，2012；Sargeant 和 Woodliffe，2007）。

第三，从消费者所在城市商业吸引力级别来看，消费者客观财务状况与捐赠行为之间存在显著负向关系。消费者所在城市的级别越高（超一线），其捐赠行为越少，包括更少的捐赠经历、更弱的捐赠能力以及更低的捐赠意愿。反之，消费者所在的城市级别越低（四、五线），其捐赠行为越多，包括越多的捐赠经历、越强的捐赠能力以及越高的捐赠意愿。如前文所述，消费者所在城市吸引力级别可以作为客观财务受限程度的代理变量，城市级别越低说明消费者客观财务受限水平越高，因此上述发现可以概括为：消费者客观财务受限水平越高，其捐赠行为越多。该发现与部分现有研究结果一致，同物质财富充足的人相比，物质财富相对匮乏的人会表现得更加慷慨和乐于助人，更愿意参与捐赠（James 和 Sharpe，2007；Piff 等，2010）。

第四，对比两个自变量来看，根据上述研究结果，由于消费者客观财务受限的衡量指标不同，对其捐赠行为的影响也存在差异。因为所在城市级别是相对客观的指标，而自我汇报月收入水平是相对主观的指标，且存在社会期望答案，因此，两者相比，采用所在城市级别作为代理变量来反映消费者客观财务受限及其作用于捐赠行为的结果更令人信服。综合所有研究结果来看，在解释客观财务受限与捐赠行为之间的关系时，应该更为谨慎。

第五，结论三的进一步含义。如前文所述，城市吸引力级别可以从五个维度衡量，包括商业资源集聚度、城市枢纽性、城市人活跃度、生活方式多样性和未来可塑性。总体来讲，城市吸引力级别越低（四、五线）说明其综合商业水平较低，生活在该城市中的消费者客观财务受限程度越高。然而，通过全国性问卷结果可以看到，生活在这些四、五线城市的消费者却表现出更多的捐赠行为。该研究结果为子研究二提供了初步的证据，即财务受限促进了捐赠行为。为了进一步探究两者之间的因果关系及其心理机制，子研究二采用了行为实验的方法，通过 3 个实验进行了验证，具体见第 8 章。

第 8 章 捐赠行为对消费者财务受限感的缓解作用

第 8 章系本书的子研究二，旨在探索消费者主观财务受限（本章简称为财务受限感）对消费者捐赠意愿的影响及其心理机制。基于这样的研究目的，子研究二采用了行为实验方法。第 8 章包括以下五个部分：第一，概述了理论与文献，建立研究框架并推导假设；第二，实验 1 进行了主效应和中介效应检验；第三，实验 2 进行了捐赠场景的调节中介效应检验；第四，实验 3 进行了资源不充分性的调节中介效应检验；第五，汇总研究结论并进行讨论。

8.1 研究假设的提出

基于认知心理学、补偿性动机以及社会比较理论，本研究提出财务受限感和消费者捐赠行为之间存在正向因果关系；与没有财务受限感的消费者相比，有财务受限感的消费者的捐赠意愿更高。进一步而言，本研究提出消费者权力状态在财务受限感效应中发挥了心理机制作用，财务受限感使消费者对当下的权力状态感知降低，为了补偿权力状态低所带来的负面状态，消费者会通过更多的捐赠来帮助他人。此外，本研究还提出：捐赠场景调节了上述中介效应，在公开捐赠的场景中，上述财务受限感→权力状态→捐赠意愿的效应仍旧存在，但在匿名捐赠场景中，财务受限感→权力状态→捐赠意愿的效应不存在；感知他人身份对消费者财务受限感→权力状态→捐赠行为起到了强化作用。具体的假设推导如下。

8.1.1　财务受限感对消费者捐赠行为的促进作用

对于财务受限感的研究可以追溯到资源稀缺研究领域。早期研究将资源稀缺界定为需求和供应之间的差距（Booth，1984；Griskeviius 等，2013；Walras，1989）。之后也有研究指出，资源稀缺可以分为两种形式，即绝对资源短缺和相对资源短缺（Tully 等，2015）。如果类比财务资源领域，则绝对资源短缺指的是客观财务状况差，如贫穷贫困、收入低、拮据等；那么资源相对短缺则是主观对个人财务状况的感知，这种主观感知不等同于贫穷或者拮据。换言之，不论客观财务状况是否不良，可能都会产生这种主观财务受限的感知。

基于后者“相对资源短缺”的概念，Tully 等（2015）提出了财务受限感这一概念。财务受限感指的是个人对经济拮据感的一种心理状态，并不一定意味着“贫穷”或“没有钱”，而是人们认为自己的财务状况在多大程度上限制了他们的预期消费（Tully、Hershfield 和 Meyvis，2015）。因此，财务受限感是实际财务状况和预期消费比较后产生的主观感受

(Dias、Sharma 和 Fitzsimons, 2022; Fan、Jiang 和 Hu, 2020; Hamilton 等, 2019; Tully、Hershfield 和 Meyvis, 2015)。由于财务受限感是一种非常常见的、不局限于贫穷的人中的一种负面心理状态，且易于被环境线索所激发，因此研究财务受限感及其缓解机制具有重要的理论和更为广泛的现实意义。本研究着眼于消费者对财务资源的主观感知视角，探究消费者财务受限感对其捐赠行为的影响及其心理机制。

作为人类生活中普遍存在的现象（Booth, 1984），财务受限感影响着各种消费行为决策。例如，已有研究发现，感到财务受限的消费者往往会降低在产品选择时的多样化倾向（Fan、Jiang 和 Hu, 2020），对价格变得敏感（Ailawadi 等, 2001），更加偏好反享乐消费（Yang 和 Zhang, 2022），减少口碑参与（Paley、Tylly 和 Sharma, 2019），或作出规避风险的决定（Haushofer 和 Fehr, 2014）等。上述研究一方面说明财务受限感是一个重要的情境因素，一旦激发出来就会对后续产品偏好、判断以及选择产生重要的影响；另一方面也说明财务受限感是一种负面状态，因此会对后续消费行为产生负面影响。

消费者的捐赠决策也是一种行为决策，但与上述这些"经济决策"相比，捐赠决策是"非经济决策"。经济决策更多涉及了个人损失与个人利益，而非经济决策所影响的是他人利益（Fan、Jiang 和 Cui, 2019）。因此，本研究预期当财务受限感对消费者非经济决策产生影响时，其产生的效应和心理机制与作用于经济决策是存在差异的。具体而言，本研究提出财务受限感对捐赠意愿会产生促进作用。

现有文献为上述观点提供了间接支持。首先，从财务受限所产生的行为结果来看，已有研究发现财务受限感会激活个人负面情绪，进而导致更多的独特性寻求行为（Sharma 和 Alter, 2012）。也有研究提出财务受限感会触发个人的竞争取向和利他主义，继而使个人作出自我福利的决定（Roux 等，2016）。还有研究发现，财务资源稀缺的个人有更多的可自由支配的支出，因此他们可以进行更多的可自主支配的支出、借贷和投资，其原因在于他们对未来的看法更加乐观（Gulen、Ulqinaku、Viglia 和 Das，2021）。还有研究发现，对于童年时期社会经济地位较低的消费者来讲，当他们被提醒资源稀缺时，他们在产品选择时倾向于产品的可行性（Wang、You 和 Yang，2020）。从这些研究视角来看，财务受限感会产生正面效应。且由于财务受限感会激发利他动机，本研究预期财务受限感会促进消费者捐赠行为。

其次，财务资源状况对消费者捐赠行为的影响也提供了间接支持，虽然研究结果尚未达成一致。一些学者认为客观财务水平正向影响其捐赠行为，如财务资源的匮乏抑制了捐赠意愿（Sargeant 和 Woodliffe，2007）；由于受制于资源的稀缺，物质财富相对匮乏的人更不愿意同他人分享自己的有限资源，更容易表现出自利行为，因此参与捐赠的意愿较低（Holland 等，2012）。另外一些学者提出消费者财务资源水平和捐赠行为之间是 U 型关系，即贫困和富裕群体的捐赠规模占收入的比例都显著高于中产阶层捐赠的比例（James 和 Sharpe，2007）。还有学者指出消费者财务水平负向影响其捐赠行为，如低收入人群的捐赠与工资之比高于高收入人群（James 和 Sharpe，2007）；同物质财富充足的人相比，物质财富相对匮乏的人会表现得更加慷慨和乐于助人，因此更愿意参与慈善捐赠（Piff 等，2010）等。此外，还有研究指出，经济流动性低的低社会经济地位消费者（即经济停滞的消费者）比其他消费者寻求更多的多样性（Yoon 和 Kim，2018）。

尽管上述研究结果均显示了消费者财务资源状况对亲社会行为产生了显著影响，但现有文献中鲜有将财务受限感与消费者捐赠行为联系在一起的研究。目前仅有的一篇相关的文章是关于资源稀缺与慷慨行为之间的影响关系。在这个研究中，学者们提出资源稀缺会促进人们的竞争导向，进而产生自私自利的行为；但同时他们也指出，在慷慨行为可以给个人带来好处的情况下，如捐款可以显示自己的社会地位，资源稀缺同时也有可能促进其产生慷慨行为（Roux 等，2015）。

综上所述，无论是从资源依赖的视角，还是同理动机、社会比较、适者生存的进化视角，我们都发现消费者的财务资源状况对亲社会行为（帮助行为、捐赠行为等）产生了显著的促进作用，低财务资源状况消费者比高财务资源状况消费者更易于帮助别人。财务受限感也是消费者财务资源状况的一种，捐赠行为是亲社会行为的一种，本研究因此提出财务受限感正向影响消费者的捐赠行为。具体假设如下：

假设 1：与无财务受限感的消费者相比，有财务受限感的消费者会采取更多的捐赠行为。

8.1.2 权力状态在财务受限感影响消费者亲社会行为中的中介作用

个人的权力状态是指对自己拥有权力的心理判断和感知。这是对权力的主观感知，可能表现为长期但相对稳定的权力感，存在消费者差异（Anderson 等，2012；Chang、Jang、Lee 和 Nam，2019），也可能表现为受情境因素影响而产生的即时心理状态（Brick 等，2021；Fan、Rucker 和 Jiang，2022；Rucker 和 Galinsky，2008；Thomas、Fowler 和 Saenger，2020）。鉴于情境激发的权力感在行为决策中的影响更为广泛，且更具有管理实践启示（Anderson 和 Galinsky，2006；Fan、Rucker 和 Jiang，2022；Jin 和 Huang，

2019；Wang 和 Jin，2022；Yao 等，2021），因此本研究着眼于情境激发的权力感（以下统称为“权力状态”）来探讨权力状态在财务受限感作用于捐赠意愿中所发挥的中介作用。财务受限影响着个人对其财务资源的控制，从而成为威胁人们短期权力状态的最重要因素之一（Zhou 等，2009）。此外，当个人的权力状态受到威胁时，他们更有可能采取一些行动来满足自己的心理需求，从而触发补偿动机（Rucker 等，2012），产生补偿性行为。因此，本研究提出财务受限感作为一种情境因素，降低了消费者的即时权力状态，而消费者为了补偿这种负面状态而采取了更多的捐赠行为。

首先，财务受限感会负向影响消费者的权力状态，与没有财务受限感（或低财务受限感）的消费者相比，有财务受限感（或高财务受限感）的消费者的权力状态更低。财务资源，更通俗地来说即金钱，是现代社会中消费者维系生活的基础，不仅能够满足消费者的物质需求，而且有助于满足消费者幸福感等心理需求。如有研究发现，金钱能够带给人们一种基本的信心、权力和效能感，不仅能够缓解因社会排斥带来的心理疼痛，还能够缓解生理疼痛感（Zhou 等，2009）、生存焦虑（Zaleskiewicz 等，2013）以及带来生存安全感（Fan、Jiang 和 Hu，2020）。因此，财务资源毫无疑问对于消费者来说是一种重要的物质资源，满足权力定义中对于“有价值资源”的要求。相反，缺乏金钱可能会让人们意识到，他们无法用有限的金钱来满足自己的欲望，也没有控制宝贵资源的能力，甚至很可能需要依赖他人以获取有价值资源或避免惩罚。因此，当消费者的财务受限感程度较高时，消费者主观感受到强烈的财务资源匮乏和控制力减弱，而这类感知威胁到权力的社会属性中关于“社会关系不对称”的描述，从而对个人的权力状态产生负面影响。此外，很多行为学实验通过控制被试者对于金钱资源的控制能力进而操控权力状态（Galinsky 等，2003；Han、Smale 和 Lee，2023；Jin 和 Huang，2019；Rucker、Hu 和 Galinsky，2014；Rucker 等，2011）也反映了财务资源与权力状态之间的关系。

其次，消费者的权力状态会负向影响捐赠意愿，同权力状态较高的消费者相比，权力状态较低的消费者的捐赠意愿更高。当消费者主观感受到对于金钱这一有价值资源的控制能力减弱时，消费者的权力状态受到威胁，权力的心理需要和心理倾向同时存在。一方面，从权力状态的心理倾向理论来看，同权力感较高的消费者相比，权力感缺失的消费者在心理上认为他人更为重要，更愿意把资源分配给他人，并且看重他人福利（Piff、Kraus 和 Cote，2010），故而捐赠意愿更高。另一方面，从权力状态的心理需要理论来看，由于权力缺失是消费者尽力规避的状态，故当消费者的权力状态受到威胁时，消费者的补偿动机会被激活，更愿意采取有利于提高权力状态的行动（Rucker 和 Galinsky，2008），如炫耀性消费（Rucker 和 Galinsky）、对支配定位诉求的广告的反应更为积极（Jin 和 Huang，2019）等。因为捐赠行为有助于树立消费者良好的利他形象，能够帮助消费者获得社会地位（Bird 和 Smith，2005；Klucarova 和 He，2022），是彰显消费者地位和权力的重要方式（Griskevicius 等，2010；Klucarova 和 He，2022），所以权力状态较低的消费者比权力状态较高的消费者捐赠意愿更高。此外，从思维模式视角来看，高权力思维模式使消费者降低了换位思考能力（Galinsky 等，2006），同理心（Van Kleef 等，2008）以及慷慨行为（Rucker 等，2011），而低权力思维模式使消费者提升了抑制能力、共享精神（Galinsky 等，2015）以及公共导向（Zhang、Ao 和 Deng，2019）。综上所述，本研究提出权力状态在财务受限感作用于捐赠行为中发挥了中介作用。具体假设如下：

假设 2：权力状态在财务受限感作用于消费者捐赠行为中起到了中介作用。财务受限感（对比控制组）降低了消费者的权力状态，继而提升了其捐赠行为。

8.1.3　捐赠场景的调节中介作用

基于权力状态的心理需求和心理倾向等文献，本研究进一步提出捐赠场景调节了权力状态的中介作用，是一个被调节的中介效应模型。现有文献指出，尽管当个人的权力状态受到威胁时，心理需求和心理倾向的影响可能共存，但心理需求的影响优先于心理倾向的影响（Rucker 等，2012）。因此，当个人处于低权力状态时，他们的心理需求就会被触发，从而导致补偿动机占据主导地位，优先于关注他人福利的心理倾向动机。相反，当个人处于高权力状态时，他们对权力的心理倾向会起作用，而不是心理需求，因为后者无法被激活。本研究认为，基于捐赠场景（公开对比匿名）的不同，权力状态对捐赠意愿的影响也会存在不同。

首先，从捐赠场景与权力的心理动机之间的关系来看，已有研究表明，公开的捐赠行为能够实现低权力消费者的补偿动机，满足低权力消费者的心理需要；而匿名的捐赠行为更多地体现了消费者对他人福利的关心，满足低权力消费者的心理倾向（Dubois 等，2011；Piff 等，2010；Rucker 等，2012）。因此，本研究推测，在公开捐赠情境下，低权力状态的消费者比高权力状态下的消费者的捐赠意愿更高。但在匿名捐赠情境下，高低权力状态的消费者的捐赠意愿不存在差异。

其次，尽管从经济学的角度来看，捐赠等利他行为需要消费者作出牺牲，放弃自身经济利益，并不符合理性人的假设，但是从成本信号理论（Bird 和 Smith，2005）的视角来看，公开的利他行为作为一种信号，会为消费者带来两个方面的好处。一方面，公开的利他行为体现出消费者的利他意愿，树立起消费者良好的利他形象，能够帮助消费者获得社会地位，进而获得权力；另一方面，由于利他行为通常被认为是“昂贵的”、需要牺牲部分消费者利益的，公开的利他行为还能够彰显消费者的权力和控制力，显示出消费者拥有足够的资源和能力，能够承担利他行为产生成本的同时不影响自身的健康和福利水平（Griskevicius 等，2010）。Sanche 和 Kull（2022）的研究也指出，公开（对比匿名）募捐能够提升捐赠率，但他们也发现公开（对比匿名）募捐增加了捐赠者的欺骗倾向，这是由于对不捐赠的社会形象关注和被当场告知的侵扰性通过同时推动和削弱公共募捐的有效性而相互抵消。因此，公开场合的利他行为能够向他人传递信号，帮助消费者获取社会地位，提升权力状态；而匿名场合的匿名捐赠并不具备提升社会地位的作用，只是消费者关心他人福利的体现。本研究因此推测，低权力状态消费者在公共捐赠环境中表现出较高的捐赠意愿，因为这种公共捐赠有助于满足他们对权力补偿的需求，但高权力状态消费者却无需进行权力补偿，因此表现较低的捐赠意愿。反之，匿名捐赠场景并不具备提升社会地位的作用，只是消费者关心他人福利的体现，因此，高低权力状态消费者的捐赠意愿没有显著差异。

最后，已有研究表明，高权力状态往往伴随着私有导向（Zhang、Ao 和 Deng，2019），他们认为自我更有价值，倾向于在自己身上花费更多的钱（Rucker 等，2011），对于自身拥有的财产赋予更多价值（Dubois 等，2012），更不愿意将资源分配给他人和关心他人福利（Piff 等，2010），不偏好绿色消费（Zhang、Ao 和 Deng，2019），偏好利己诉求的产品（吴波等，2013）等。反之，低权力状态往往伴随着公共导向（Zhang、Ao 和 Deng，2019），他们在心理上认为他人更为重要，从而愿意在给他人的礼物上花费更多（Rucker 等，2011），对于他人拥有的财产赋予更多的价值并倾向低估自己拥有财产的价值（Dubois 等，2012），愿意为他人捐赠的比例更高和看重他人福利（Piff 等，2010），偏好绿色消费（Zhang、Ao 和 Deng，2019）以及利他诉求的产品（吴波等，2013）等。此外，低权力状态消费者往往通过亲社会行为来适应恶劣的外部环境，以依赖或者获得更多的资源（Henrich 等，2001；Piff 等，2010；Van Kleef 等，2008）。从这个视角出发，本研究预测在公共捐赠情境下，高低权力状态消费者的捐赠意愿存在显著差异，而在匿名捐赠情境下，高低权力状态消费者的捐赠意愿则没有差异。

综上所述，本研究提出捐赠情境发挥了调节中介作用，在公开捐赠情境下，处于低权力状态的消费者比高权力状态消费者表现出更高的捐赠意愿，因为这种公开捐赠情境有助于他们对权力补偿的需求。相反，在匿名捐赠情境下，高低权力状态消费者都具有关注他人福利的心理倾向，因此，他们的捐赠意愿没有显著差异。具体假设如下：

假设 3：在权力状态对捐赠意愿的影响中，捐赠场景发挥了调节作用。即在公开捐赠场景下，权力状态在财务受限感作用于捐赠意愿中的中介效应显著；在匿名捐赠场景下，权力状态在财务受限感作用于捐赠意愿中的中介效应不显著。

8.1.4　资源不充分性的调节中介效应

现有文献显示，低权力状态消费者可能会为了恢复其权力状态进行身份相关产品的消费决策（Dubois 等，2012），也可能会由于资源的显著性而感知到自身拥有的资源不充分，继而会远离上述补偿性消费（Domhoff，1988）。资源不充分显著性（salience of perceived resources insufficiency）在权力状态与后续行为决策中起到了重要的调节作用。

首先，大量关于权力与资源之间的研究都显示，低权力状态个体对资源都极为敏感。有学者提出权力缺失的个体通常只能接触到少量的资源（Domhoff，1998）。也有学者发现，低权力状态个体往往对自身拥有的财产赋予较少的价值（Dubois 等，2012）。因此可以说，“资源”对于权力缺失个体来讲，它不仅指的是资源的客观水平高低，还指的是个体对资源数量多寡的主观感知，其中对“钱”这个资源的感知则最为显著，而有时甚至是一种扭曲的感知。例如，有研究发现财务被剥夺的孩子认为他们看到的硬币小于财务未被剥夺孩子看到的硬币（Dubois 等，2012）。其次，低权力状态与感知资源不充分程度显著影响个体消费决策，尤其是和身份相关的消费决策。例如，研究显示，权力状态会产生抑制作用，低权力状态个体会产生抑制或者限制行为（Kelner 等，2003）；还有研究发现，当消费者感知到未来资源不充分时，他们目前对奢侈品牌的偏好会降低（Mandel 等，2006）。

上述理论与研究结果显示，权力状态与感知资源不充分性交互作用，继而减少了个体对身份相关的消费行为。基于相同原理，本研究提出，资源不充分性在权力状态对亲社会行为的影响中发挥了调节中介的作用。具体的假设如下：

假设 4：在权力状态对个体亲社会行为的影响中，资源不充分显著性起到了调节中介作用。在资源不充分显著时，权力状态对财务受限感作用于捐赠行为的中介效应不显著；在资源不充分不显著时，权力状态对财务受限感作用于捐赠行为的中介效应显著。

为了验证上述 4 个假设，本研究进行了 3 个实验。实验 1 的目的是验证财务受限感作用于捐赠意愿的主效应以及权力状态的中介效应。实验 2 是通过改变操控方式再次验证财务受限感的主效应、验证权力状态的中介效应以及捐赠场景（公开对比匿名）的调节中介效应。实验 3 验证了资源不充分性（显著对比不显著）的调节中介效应。

8.2 实验 1：财务受限感、权力状态和捐赠意愿

实验 1 旨在检验财务受限感对捐赠意愿的促进作用（假设 1）和权力状态在该促进过程中所发挥的中介作用（假设 2）。本研究预测，与控制组被试者相比，感知财务受限的被试者的捐赠意愿更高；与控制组相比，感知财务受限的被试者的权力状态更低，因而展现了更高的捐赠意愿。此外，实验 1 拟排除负面情绪的潜在解释。

8.2.1 实验被试与流程

实验 1 采用了单因素（财务受限感对比控制组）组间设计，来自某在京高校的 70 名被试者（女性 =36，$M_{年龄}$ = 22.73）参加此次有报酬的实验室实验。实验当天，被试者被随机分配到财务受限组或控制组。

被试者被告知将参加一个日常生活采集的任务，用来模糊真实的实验目的。实验包括两个任务。在第一个任务中，我们首先采用了回忆的方法操控了被试者的财务受限感（Tully 等，2015；Fan、Jiang 和 Hu，2020），根据财务受限感的定义将回忆情境设计为是“所拥有的财务状况限制了其预期消费的程度”。财务受限组被试者阅读到以下的回忆任务：

每个人在生活中都会遇到“手头紧”的时候：如面对心仪的鞋、包、衣物和电子产品时却发现银行卡中的余额不足；月末想要出门改善伙食时却发现生活费早已所剩无几；又或者想要看一场偶像的演唱会，却发现无法承担内场票昂贵的票价……

你在生活中曾经遇到过类似财务或金钱受限而无法按照自己的意愿进行消费的场景吗？如果曾经遇到过，是什么原因导致了自己“手头紧”？请仔细回想自己当时的经历，包括消费目标（购买产品、改善伙食、娱乐活动等）、导致自己财务或金钱受限的原因、解决方式等。请在下方空白处尽可能详细地描述其中一段经历（请不少于40字）。

控制组被试者阅读的回忆任务如下：

每个人在日常生活中都会观看电影或者电视剧来度过自己的休闲时间，但大家看电影或者电视剧的频率是不同的，喜欢的类型是不同的，获取的共鸣也是不同的。

请回想近期看过的一部电影或者电视剧，并在下方空白处用几句话简单描述该电视剧集或者电影，如主要剧情、演员等（请不少于40字）。

在完成了上述回忆任务后，被试者被测量了财务受限感，在7级量表上汇报了此时感知到的财务受限程度，即“你感到自己的财务或金钱状况限制消费欲望的程度”（1 =“非常低”，7 =“非常高”；Tully，等，2015；Fan、Jiang和Hu，2020），其数值用来进行后续的操控检验。同时，被试在7级量表上汇报了他们此时的权力状态感知（“我感觉此时的权力状态是”：1 = 非常没有权力，7 = 非常有权力；童璐琼，2015）和情绪（“我此时的心情是”：1 = 非常不愉快，7 = 非常愉快；Haushofer和Fehr，2014；Small和Verrochi，2013），其汇报的数值被用于后续的中介检验和排除竞争解释机制。

之后，被试者进入了第二个任务，采用了一个虚拟的捐赠场景来衡量被试者的捐赠意愿。两组被试者都阅读了相同的导语和情境，具体如下：

假设你此时收到一封来自学校官方的鼓励捐赠的邮件，邮件内容写道：我校目前正启动一个新的慈善捐赠项目，捐赠对象为贫困地区的学校，主要通过购买书籍、学习用品、教学设备等方式与非政府组织合作，以帮助那些教育资源匮乏地区的中小学生获得更好的教育、提升贫困地区学校的教学水平。该慈善项目正在启动和招募捐赠的过程中，如有捐赠意愿，请参考附件中所示方式进行银行、支付宝或微信转账。

献出一份爱心，托起一份希望；今日的慷慨，可能会改变孩子们一生的命运。欢迎大家积极参与，踊跃捐赠！

在阅读完该捐赠信息后，被试者被要求在 7 级量表上汇报他们的捐赠意愿，即“基于上述描述，你是否愿意捐赠?”（1 = 非常不可能，7 = 非常可能；Roux 等，2016）。被试者还汇报了人口统计情况，包括性别、年龄、受教育程度、月支出水平，此外，由于已有研究认为慈善捐赠行为存在“路径依赖”，也就是曾经有过捐赠经历的人未来捐赠的可能性更大，因此，本研究还测量了被试的过往捐赠经历，作为控制变量放入到后续统计分析中。过往捐赠经历由 4 个测项构成，包括“我从未进行捐款”“过去一月内我没有进行捐款”“我不经常进行捐款”和“我经常进行捐款”（1 = 非常不同意，7 = 非常同意；Cronbach $\alpha = 0.71$；Sargeant 等，2004）。

8.2.2　实验结果

操控检验。本研究采用了独立样本 t 检验来检验对财务受限感的操控。结果显示，财务受限组被试者感知财务受限程度显著高于控制组被试者（$M_{财务受限} = 5.25$，$SD = 1.13$；

$M_{控制}=3.56$，$SD=1.16$；$t=5.874$，$p<0.01$），说明财务受限感的操控是成功的。

主效应检验。本研究采用了单因素方差分析检验财务受限感对捐赠行为的提升作用。方差结果显示，财务受限感对捐赠行为存在显著影响[$F(1,69)=15.34$，$p<0.001$]，与控制组被试者（$M_{控制}=3.97$，$SD=1.27$）相比，财务受限组被试者呈现了更高的捐赠意愿（$M_{财务受限}=5.15$，$SD=1.19$）。假设1获得了支持。

中介效应检验。本研究首先采用了三步回归方法（Baron和Kenny，1986）检验权力状态的中介效应。首先，将捐赠意愿作为因变量，财务受限感作为自变量，加入性别和过往捐赠经历作为控制变量后进行回归分析，结果显示财务受限感对捐赠意愿的正向作用显著（$b=0.453$，$t=3.929$，$p<0.01$），财务受限组比控制组被试者展示了更高的捐赠意愿。其次，将权力状态作为因变量，财务受限感作为自变量，加入相同的控制变量后进行回归分析，结果表明财务受限对权力状态的负向作用显著（$b=-0.472$，$t=-4.206$，$p<0.01$），财务受限组比控制组被试者汇报了更低的权力状态。最后，将捐赠意愿作为因变量，权力状态作为中介变量，财务受限感作为自变量，将相同的控制变量放入模型进行回归分析，结果显示权力状态对捐赠意愿的负向作用显著（$b=-0.334$，$t=-2.669$，$p<0.01$），权力状态低的被试者汇报了更高的捐赠意愿；同时财务受限感对捐赠行为的正向作用仍旧显著（$b=0.288$，$t=2.30$，$p<0.05$），说明权力状态发挥了部分中介作用。

本研究进一步采用了Bootstrap方法对权力状态的中介效应进行了检验（模型4；Hayes，2013）。将自变量财务受限感（0=控制组，1=财务受限组）、中介变量权力状态、因变量捐赠意愿放入模型中，重复测量样本量设置为5000，置信区间为 95%。结果如图 8-1 所示，财务受限感对权力状态有显著负向影响（$\beta = -1.11$，$t = -4.183$，$p < 0.001$），权力状态对捐赠意愿有显著负向影响（$\beta = -0.38$，$t = -2.632$，$p < 0.05$），财务受限感对捐赠意愿存在正向直接影响（$\beta = 0.79$，$t = 2.374$，$p < 0.05$）。同时，“财务受限感→权力状态→捐赠意愿”的中介效应显著，其效应量为 0.4168，所在置信区间显著地偏离 0（95% CI = 0.1354 ~ 0.8380），说明权力状态发挥了中介作用。综上所述，假设 2 获得了支持。

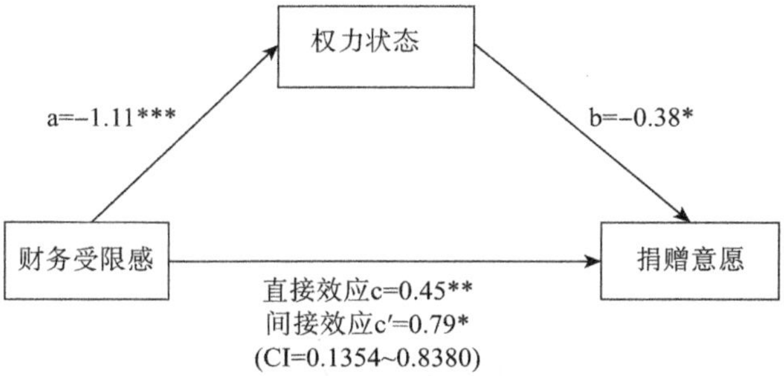

图 8-1　实验 1 中介效应检验模型与结果

注：* 表示 $p < 0.05$，** 表示 $p < 0.01$，*** 表示 $p < 0.001$。

排除情绪的潜在解释。本研究采用了 Bootstrap 方法对情绪的潜在中介效应进行了检验（模型 4；Hayes，2013）。将自变量财务受限感（0 = 控制组，1 = 财务受限组）、潜在中介变量情绪、因变量捐赠意愿放入模型中，重复测量样本量设置为 5000，置信区间为 95%。结果显示，财务受限感对权力状态有显著负向影响（$\beta = -1.30$，$t = -3.675$，$p < 0.001$），情绪对捐赠意愿有显著负向影响（$\beta = -0.12$，$t = -1.081$，$p = 0.28$，ns），财务受限感对捐赠意愿存在正向直接影响（$\beta = 1.05$，$t = 3.092$，$p < 0.01$）。同时，“财务受限感→情绪→捐赠意愿”的中介效应不显著，所在置信区间包含 0（95% CI = -0.1017 ~ 0.5671）。综上所述，实验 1

排除了情绪的潜在中介作用。

8.2.3 讨论

实验1采用回忆任务操控了财务受限感，通过为贫困地区学校购买教学设备的募款情境来测量消费者的捐赠意愿，研究结果说明了财务受限下的消费者比控制组消费者的捐赠意愿更高。与财务受限感知程度低的消费者相比，财务受限感知程度高的消费者权力状态更低，低权力状态进一步地导致了较高的捐赠意愿。此外，实验1还排除了负面情绪的中介作用，后续实验将不对此进行分析。

8.3 实验2：捐赠场景的调节中介效应

实验2有两个研究目的：一是通过改变财务受限感的操控方式以及捐赠募资方式来再次检验财务受限感的主效应（假设1）；二是通过操控捐赠场景来验证捐赠场景的调节中介效应。在公开捐赠情境中，财务受限感→权力状态→捐赠意愿的中介效应存在；在匿名捐赠情境中，财务受限感→权力状态→捐赠意愿的中介效应不存在（假设3）。

8.3.1 实验被试与流程

实验采用了2（财务受限：财务受限感对比控制）乘以2（捐赠场景：公开对比匿名）的组间设计。被试者被随机分组。来自某在京高校的 138 名被试者（女性 = 75，$M_{年龄}$ = 22.8）参加此次有报酬的实验，他们被随机安排在四个组中的任意一组，其中财务受限/公开组 = 39 人，控制/公开组 = 37 人，财务受限/匿名组 = 30 人，控制/匿名组 = 30 人。

实验包括两个任务。在第一个任务中，我们对被试者进行了财务受限感的操控。与实验 1 采用的回忆写作的操控方式不同，实验 2 采用了想象任务对被试者进行了操控。财务受限组和控制组被试者分别阅读到以下情境：

你每月的生活费是固定的，最近你的花销过大，由于参加“双 11”促销、新办了健身卡、参加班级聚餐、给好友买生日礼物等，生活费已所剩不多。而学校的补助还没有发，父母也还没有给你生活费，在接下来的一段日子里，你会处于手头不宽裕的状态。(财务受限组)

你每月的生活费是固定的，最近你的生活费支出较少。由于没有太多的娱乐和社交活动，也没有购买大件物品，到了月底，生活费还剩下多半，手头比较宽裕。(控制组)

被试者被告知在阅读上述情境描述时，尽可能以主人公的身份去想象他们正处于该情境中（Fan、Jiang 和 Hu，2020；Tully 等，2015）。与实验 1 相同，该情境根据财务受限的定义，在情境描述中操控了收入和支出之间的关系水平。在完成了上述情境后，被试者根据他们在上述情境中所感受到的财务状况，完成了财务受限的操控检验测项（同实验 1）。随后，他们完成了权力状态的测量（同实验 1）。

随后，被试进入了第二项任务。在第二项任务中，我们采用情境想象任务操控捐赠场景（Roux 等，2016），在公开捐赠情境中，强调了该捐赠行为是公开的——将公布捐赠人姓名并进行实名感谢；相反，在匿名捐赠情境中，强调了该捐赠行为是匿名的——所有捐赠信息完全匿名，不会公布。

公开捐赠组的被试者阅读到以下的导语和情境：

假设现在你在班级的公共邮箱中看到一封主题为鼓励大家积极捐赠的邮件，邮件内容写道：我校目前正启动一个新的慈善捐赠项目，捐赠对象为山区的学校，主要通过购买书籍、学习用品、教学设备等方式与非政府组织合作，以帮助提升山区学校的教学水平。该慈善项目正在启动和招募捐赠的过程中，如果您有捐赠意愿，请将个人学号、姓名和捐赠金额发送至附件中的指定联系方式。学校将于本季度末统一从银行卡扣除对应金额。

此外，学校将在扣款完成后按院系整理所有捐赠人的姓名和学号信息，刊登至学校主页公告栏新闻，并发表公开感谢信，以表示感谢。

匿名捐赠组被试者阅读了如下的导语和情境：

假设现在你在班级的公共邮箱中看到一封主题为鼓励大家积极捐赠的邮件，邮件内容写道：我校目前正启动一个新的慈善捐赠项目，捐赠对象为山区的学校，主要通过购买书籍、学习用品、教学设备等方式与非政府组织合作，以帮助提升山区学校的教学水平。该慈善项目正在启动和招募捐赠的过程中，如果您有捐赠意愿，请参考附件中所示方式进行银行、支付宝或微信转账。

请注意，本次捐赠秉持自愿原则，所有的捐赠信息均完全匿名，学校不会公布任何一位捐赠人的捐赠信息。

在阅读完该捐赠信息后，被试者被要求在 7 级量表上汇报他们的捐赠意愿，即“基于上述描述，你是否愿意捐赠?”（1 = 非常不可能，7 = 非常可能；Roux 等，2016）。最后，被试者汇报了人口统计情况（同实验 1），实验结束。

8.3.2 实验结果

操控检验。本研究采用了独立样本 t 检验来检验对财务受限感的操控。结果显示，财务受限组被试者感知财务受限程度显著高于控制组被试者（$M_{财务受限}=5.10$，$SD=1.00$；$M_{控制}=3.64$，$SD=1.11$；$t=8.126$，$p<0.01$），财务受限感的操控是成功的。

有调节的中介效应检验。本研究首先采用了三步回归方法（Baron 和 Kenny，1986）检验捐赠场景对权力状态的调节中介效应。首先，将捐赠意愿作为因变量，财务受限感作为自变量，加入性别等控制变量后进行回归分析，结果显示财务受限感对捐赠意愿的正向作用显著（$b=0.313$，$t=4.036$，$p<0.01$），财务受限组比控制组被试者展示了更高的捐赠意愿。其次，将权力状态作为因变量，财务受限感作为自变量，加入相同的控制变量后进行回归分析，结果表明财务受限感对权力状态的负向作用显著（$b=-0.570$，$t=-8.104$，$p<0.01$），财务受限组比控制组被试者汇报了更低的权力状态。最后，将财务受限感、权力状态与捐赠场景的交互项、捐赠意愿以及控制变量放入模型进行回归分析，结果显示权力状态与捐赠场景的交互项显著（$b=-0.813$，$t=-2.713$，$p<0.01$），权力状态对捐赠意愿的负向作用显著（$b=-0.334$，$t=-2.669$，$p<0.01$），财务受限感的主效应显著（$b=0.212$，$t=2.295$，$p<0.05$），说明捐赠场景在“财务受限感→权力状态→捐赠意愿”中发挥了调节作用。

本研究进一步采用了 Bootstrap 方法验证捐赠场景对权力状态的调节中介效应（模型 14；Hayes，2013）。将自变量财务受限感（0 = 控制组，1 = 财务受限组）、中介变量权力状态、调节变量捐赠场景以及因变量捐赠意愿放入模型中，重复测量样本量设置为 5000，置信区间为 95%。结果显示，财务受限感对权力状态有显著负向影响（$\beta=-1.20$，$t=-7.502$，$p<0.001$），权力状态对捐赠意愿的影响不显著

($p=0.51$)，权力状态与捐赠场景对捐赠意愿的交互作用显著（$\beta=-0.59$，$t=-2.914$，$p<0.01$）。进一步来看，在公开捐赠场景下，权力状态的中介效应显著，其效应量为0.5668，所在置信区间不包含0（95% CI = -0.2910 ~ 0.8923）；在匿名捐赠场景下，权力状态的中介效应不显著，所在置信区间包含0（95% CI = -0.5397 ~ 0.2298），有调节的中介效应得到验证。

从综合回归和Bootstrap结果可以发现，在公开捐赠场景下，消费者的财务受限感通过权力状态对捐赠意愿产生正向影响；在匿名捐赠场景下，消费者的财务受限感负向影响权力状态，但权力状态对捐赠意愿的影响不显著。从图8-2中可以明确看出，在公开捐赠场景中，权力状态和捐赠意愿呈现明显的负相关关系，而在匿名捐赠场景中，权力状态对捐赠意愿的影响并不明显。假设3获得了支持。

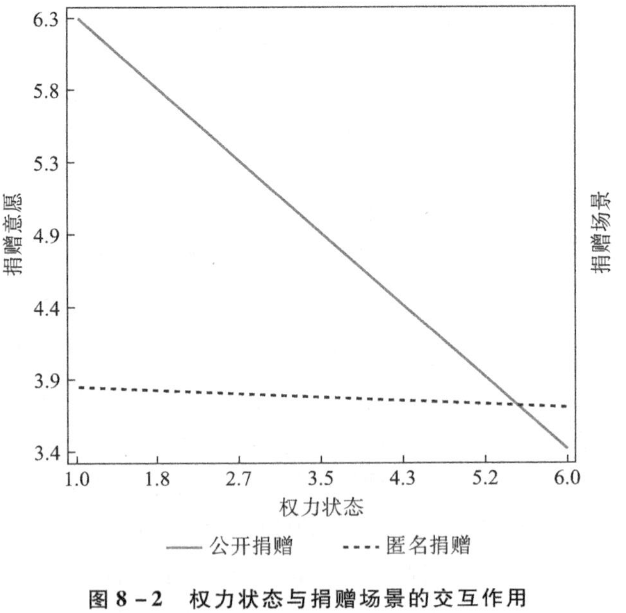

图8-2 权力状态与捐赠场景的交互作用

8.3.3 讨论

实验 2 采用了情境想象任务操控了财务受限感，采用了为贫困地区学校购买教学设备的募款是公开还是匿名操控了捐赠场景，研究结果验证了调节中介效应模型。在公开捐赠情境下，财务受限消费者比控制组消费者的权力状态更低，基于补偿动机继而表现了更高的捐赠意愿。反之，在匿名捐赠情境下，尽管财务受限消费者比控制组消费者仍旧展现了更低的权力状态，但由于是匿名捐赠，权力状态高低对捐赠意愿没有影响，因此两组消费者的捐赠意愿不存在差异。研究结果不仅验证了一个有调节的中介效应模型，还再次验证了财务受限感对捐赠意愿的主效应。

8.4 实验 3：资源不充分性的调节中介效应

实验 3 的目的是对财务受限感作用于捐赠行为的主效应进行稳健性检验（假设 1），同时再次验证权力状态的中介效应（假设 2）以及验证资源不充分性的调节中介效应（假设 4）。假设 4 预测，在资源不充分性显著时，财务受限感→权力状态→捐赠意愿的中介效应不存在；在资源不充分性不显著时，财务受限感→权力状态→捐赠意愿的中介效应存在。

8.4.1 实验被试与流程

实验4采用了2（财务受限感对比控制组）乘以2（资源不充分性：显著对比不显著）组间设计，来自美国网络研究平台MTurk的195名被试者（42.6%的女性）参加了此次有偿实验，他们被随机分配到四个组中的任意一组。实验3采用了与实验1相同的写作任务来操控财务受限感（Tully等，2015；Fan、Jiang和Hu，2020）。在完成了上述回忆任务后，被试者完成了财务受限感的操控检验测项（同实验1和实验2）。随后，他们完成了权力状态的测量（同实验1和实验2）。

随后，被试者进入了第二项任务。在第二项任务中，我们将操控资源不充分显著性和捐赠请求相结合。具体而言，在资源不充分显著组，被试者阅读了关于资源不充分的一段文字；在资源不充分不显著组，被试者阅读了一段同等长度的科普文字。在阅读这段文字后，被试者会阅读到相同的"环境保护"的捐赠请求。

资源不充分显著组的被试者阅读到以下的导语和情境：

进入21世纪以来，全球资源都面临着危机，如淡水资源不足，用水短缺程度加剧；耕地资源紧缺，土地利用可持续性低；能源消费形势严峻；不可再生资源减少；大宗矿产品资源利用形势严峻等。

请为保护环境贡献你的一份力量吧！

资源不充分不显著组的被试者阅读到以下的导语和情境：

雨水主要来自于大气中的水蒸气凝结形成的水滴。当大气中的水蒸气遇到冷却的空气时，水蒸气会凝结成水滴或冰晶并在云中不断增长，当无法被云中的上升气流支撑时，它们会从云中下降，形成降水。

请为保护环境贡献你的一份力量吧！

在阅读完该捐赠信息后，被试者被要求在 7 级量表上汇报他们的捐赠意愿和人口统计情况，包括性别、年龄、受教育程度以及月支出水平（同实验 1）。

8.4.2　实验结果

操控检验。方差分析结果显示，财务受限组被试者感知财务受限程度显著高于控制组被试者（$M_{财务受限感}=4.28$，$SD=1.68$ 对比 $M_{控制}=3.77$，$SD=1.60$；$F(1,193)=4.762$，$p<0.05$，$\eta^2=0.024$），说明财务受限感的操控是成功的。

主效应检验。本研究采用了单因素方差分析检验财务受限感对捐赠行为的提升作用。方差结果显示，财务受限感对捐赠行为存在显著影响。与控制组被试者相比，财务受限组被试者呈现了更高的捐赠意愿（$M_{控制}=4.51$，$SD=1.87$ 对比 $M_{财务受限感}=5.57$，$SD=1.98$；$F(1,193)=14.873$，$p<0.001$，$\eta^2=0.072$），假设 1 再次获得了验证。

中介效应检验。我们采用 Bootstrapping 方法进行了中介效应检验（模型 4；Hayes，2013）。我们将自变量财务受限（0 = 控制组，1 = 财务受限组）、中介变量权力状态、因变量捐赠意愿放入模型中，重复测量样本量设置为 5000，置信区间为 95%。结果显示，财务受限感对权力状态有显著负向影响（$\beta=-0.69$，$t=-2.49$，$p<0.05$），权力状态对捐赠意愿有显著负向影响（$\beta=-0.36$，$t=-5.40$，$p<0.001$），财务受限感对捐赠意愿存在正向直接影响（$\beta=0.81$，$t=3.11$，$p<0.01$）。同时，“财务受限感→权力状态→捐赠意愿”的中介效应显著，其效应量为 0.249，所在

置信区间显著地偏离0（95% CI = −0.4992 ~ −0.0434），说明权力状态发挥了中介作用。假设2再次获得了支持。

被调节的中介效应。以捐赠意愿为因变量，财务受限感（0 = 控制，1 = 财务受限感）为自变量，权力状态为中介变量，资源不充分显著性为调节变量，采用Bootstrapping方法（Model 14；Hayes，2013）进行被调节的中介效应检验（R^2 = 0.176，MSE = 3.72，$F(1, 193) = 6.183$，$p < 0.05$）。将重复测量的样本数设置为5000，置信区间设置为95%，我们发现权力状态与资源不充分显著性的交互作用显著（β = −0.27，t = −5.12，95% CI = −0.3783 ~ −0.1679，不包含0）。在资源不充分不显著组，权力状态的中介作用显著（β = −0.54，SE = 0.65，95% CI = −0.4170 ~ −0.1586，不包含0）；而在资源不充分显著组，权力状态的中介作用不显著（β = −0.07，SE = 0.13，95% CI = −0.3454 ~ 0.1017，包含0）。更进一步，总体被调节的中介效应（moderated mediation）显著（β = −0.19，SE = 0.084，95% CI = −0.3599 ~ −0.0365，不包含0）。假设4获得了支持。

8.4.3 讨论

实验3采用了写作任务操控被试者的财务受限感，使用环境保护为捐赠请求，文章阅读操控资源不充分显著性，研究结果验证了调节中介效应模型。在资源不充分不显著时，权力状态的中介作用显著，即财务受限消费者比控制组消费者的权力状态更低，基于补偿动机继而表现了更高的捐赠意愿。反之，在资源不充分显著时，权力状态的中介作用不显著，两组被试者的捐赠意愿没有显著差异。此外，研究结果不仅验证了一个有调节的中介效应模型，还再次验证了财务受限感对捐赠意愿的主效应以及权力状态的中介作用。

8.5 研究结论

子研究二是基于研究一的初步结果进行的因果关系论证，但该研究关注的是消费者主观财务受限感。为了论证财务受限感和消费者捐赠行为之间存在正向因果关系，子研究二采用了实验方法，通过三个实验得到了如下结论。

首先，三个实验一致验证了财务受限感对捐赠意愿的正向影响以及权力状态的中介作用。与控制组相比，有财务受限感的消费者的捐赠意愿更强，其中权力状态发挥了中介作用，即财务受限感显著降低了消费者的权力状态，继而提升了其捐赠意愿。此时，捐赠行为补偿了由于财务受限而导致的低权力状态，从这个意义上讲，捐赠行为缓解了消费者财务受限感。

其次，本研究还验证了捐赠场景是上述效应的边界条件。本研究发现，在公开捐赠场景下，低权力状态消费者的捐赠意愿显著高于高权力状态消费者，权力的中介作用显著；而在匿名捐赠场景下，两者的捐赠意愿没有显著差异，权力的中介作用不显著。

最后，本研究还验证了资源不充分性的调节中介效应，发现在资源不充分不显著时，权力状态的中介效应仍然存在，但当资源不充分显著时，权力状态的中介效应消失。上述调节中介效应检验结果佐证了权力状态的中介效应，提升了该心理机制的稳健性。

第 9 章

研究结论与讨论

本章将对研究结果进行讨论，总体结构如下：首先，概述了研究总体结论；其次，讨论了研究的理论贡献与管理启示；最后，将就研究局限进行概述，并提出相应的未来研究展望。

9.1 研究结论

个人财务状况对消费者行为产生影响的研究由来已久，但早期的研究多从宏观层面入手，如经济危机时期消费者的行为表现等，其理论视角也多为经济学或者社会学，研究成果比较丰富。近年来的研究则多在微观层面探讨，如消费者财务状况对消费选择的影响等，其理论视角大多为消费心理学，研究成果则非常有限。而且在这一领域，现有研究大多探讨的是财务受限对消费者经济决策的影响（如消费决策)，而鲜有研究关注财务受限与消费者非经济决策（如捐赠决策）的影响。为了弥补这一空白，本项目从微观层面出发，通过采用两个不同研究范式、针对不同研究目的的子研究，分别从客观财务受限和主观财务受限两个角度切入，探索了捐赠行为对消费者财务受限的缓解作用。

9.1.1　子研究一的研究结论

子研究一消费者客观财务受限对捐赠行为的影响旨在探索消费者客观财务受限与捐赠行为之间的关系。因为是探索性研究，子研究一采用了问卷调研方法进行了全国性问卷调查，其中参与者汇报的个人收入和所在城市级别用来测量客观财务受限，自我汇报的捐赠意愿、感知个人捐赠能力以及过往捐赠经历用以衡量捐赠行为。针对 1853 份有效问卷进行回归分析的结果表明，消费者客观财务状况对其捐赠行为存在显著影响，无论该客观财务状况是通过月收入水平，还是所在城市级别所反映的。但是具体到这些因素是如何影响其捐赠行为时，却呈现了截然相反的结果。

从消费者自我汇报的月收入水平来看，消费者客观财务受限与捐赠行为之间存在显著正向关系，财务受限越高（个人收入水平低)，捐赠行为越少。然而从消费者所在城市商业吸引力级别来看，消费者客观财务受限与捐赠行为之间存在显著负向关系，财务受限越高（所在城市商业吸引力越低)，捐赠行为越多。从对比两个自变量来看，由于消费者客观财务受限的衡量指标不同，对其捐赠行为的影响也存在差异。因为所在城市级别是相对客观的指标，而自我汇报月收入水平是相对主观的指标，且存在社会期望答案，因此两者相比，采用所在城市级别作为代理变量来反映消费者客观财务受限及其作用于捐赠行为的结果更令人信服。综合所有研究结果来看，在解释客观财务受限与捐赠行为之间的关系时，应该更为谨慎。

子研究一初步证明了消费者客观财务受限和捐赠意愿之间具有显著的相关关系。更为重要的是，子研究一也提供了如下的思考：城市吸引力级别由5个维度衡量，包括商业资源集聚度、城市枢纽性、城市人活跃度、生活方式多样性和未来可塑性。总体来讲，城市吸引力级别越低（四、五线），说明其综合商业水平越低，生活在该城市中的消费者客观财务受限程度越高。然而，通过全国性问卷结果可以看到，生活在这些四、五线城市的消费者却显示了更多的捐赠行为。该研究结果为子研究二提供了初步的证据，即财务受限促进了捐赠行为。

9.1.2 子研究二的研究结论

子研究二捐赠行为对消费者财务受限感的缓解作用是基于研究一的初步结果进行的因果关系论证，但该研究关注的是消费者主观财务受限感和消费者捐赠行为之间存在的正向因果关系，通过三个实验检验了该因果关系以及权力状态的中介作用和捐赠场景、资源不充分性的调节中介作用。

首先，消费者财务受限感是环境激发的一种针对主观财务状态的判断，该判断会影响消费者行为决策。与以往的财务受限感会影响消费者经济决策的研究结论相似，本研究发现财务受限感也会影响消费者的非经济决策（捐赠决策）。具体而言，基于认知心理学、资源稀缺和财务稀缺等相关文献，本研究验证了财务受限感和捐赠意愿之间存在正向因果关系，与没有财务受限感的消费者相比，有财务受限感的消费者的捐赠意愿更高。

其次，基于补偿性动机和权力文献，本研究验证了消费者权力状态在财务受限感正向作用于捐赠意愿中发挥了中介作用，财务受限感显著降低了消费者的权力状态，继而提升了其捐赠意愿，而此时捐赠行为补偿了由于财务受限而导致的低权力状态。从这个意义上讲，捐赠行为缓解了消费者财务受限感。财务受限感因为威胁到消费者对于金钱这一重要社会资源的控制能力，使消费者对自身权力状态的感知降低；当权力状态降低后，权力状态的心理需求会优于心理倾向影响后续行为决策，因而启动了补偿性动机，导致后续捐赠行为的提升，因为参与捐赠等利他行为会通过提升社会地位而补偿权力状态的低下。

再次，本研究验证了捐赠场景的调节中介效应。当财务受限感知程度较高时，消费者处于低权力状态，权力状态的心理需要成为影响消费者决策的决定性因素，因而参与有助于提升社会地位，并且进一步提升权力状态的捐赠行为的意愿较高（Rucker 和 Galinsky，2008）。而当财务受限感知程度较低或不存在时，消费者相对处于高权力状态，行为决策主要受到权力状态的心理倾向的影响，不愿意将资源分享给他人（Piff 等，2010）。由于公开的捐赠有助于提升消费者的社会地位，并进一步提升权力状态（Griskevicius 等，2010），因此同控制组相比，财务受限感知程度较高的消费者的权力状态较低，进而在公开捐赠场景下的捐赠意愿显著提高。而在匿名捐赠场景下，捐赠行为仅体现出消费者对于他人福利的关心，两组被试者的捐赠意愿都相对较低，且没有显著差异。

最后，本研究还验证了资源不充分性的调节中介效应，发现在资源不充分不显著时，权力状态的中介效应仍然存在，但当资源不充分显著时，权力状态的中介效应消失。因为当消费者感知到自身拥有的资源不充分时，他们会远离补偿性消费（Domhoff，1988）。

9.2 理论贡献

本研究的研究结果对财务受限、权力状态、捐赠意愿等研究领域作出了积极的理论贡献。下面将就这些理论贡献分别进行讨论。

9.2.1 本研究对财务受限领域的理论贡献

首先，本研究既关注了消费者客观财务受限，又关注了他们的主观财务受限感，并通过两种不同的实证方法进行了两者关系的探究，研究结果一方面有助于厘清客观财务受限领域的研究分歧，另一方面也拓展了主观财务受限领域的研究内容，具有重要的理论意义。

早期关于财务受限和亲社会行为关系的研究主要从财务资源的绝对性稀缺出发，如消费者客观财务水平（Holland等，2012；James 和 Sharpe，2007；Sargeant 和 Woodliffe，2007）和社会阶层（Goetz 等，2010；Henrich 等，2001；Piff 等，2010；Van Kleef 等，2008）。这些研究结果精彩纷呈，尚未形成一致结论。为了厘清这些研究的差异，本书的子研究一以调查问卷方式，通过采用两个不同的客观财务指标——个人月收入水平（个人汇报、微观层面）、所在城市级别（客观分类、宏观层面）——来探究消费者客观财务受限对其捐赠行为的影响，并发现了截然相反的研究结论。从消费者自我汇报的月收入水平来看，消费者客观财务现状与捐赠行为之间存在显著正向关系；从消费者所在城市级别来看，消费者客观财务状况与捐赠行为之间存在显著负向关系。因为所在城市级别是相对客观的指标，而自我汇报月收入水平是相对主观的指标，且存在社会期望回答的可能性，因此两者相比，采用所在城市级别作为代理变量来反映消费者客观财务状况以及其作用于捐赠行为的结果更令人信服。综合所有研究结果来看，在解释客观财务状况与捐赠行为之间的关系时，应该更为谨慎。

与财务资源绝对性稀缺的研究不同，本书的子研究二从财务资源的相对性稀缺出发进行探究，因为消费者主观感受的财务受限则更为广泛。当消费者自身财务状况不能满足预期消费时就会产生财务受限感（Fan、Jiang 和 Hu，2020；Tully 等，2015），因而主观财务受限感则不局限在贫穷贫困人群中，富有人群也会出现财务受限感。此外，随着整体生活水平的逐步提高，客观贫困相关研究的理论价值和实践意义逐渐减弱，主观的财务受限感对于消费者行为决策影响的理论研究越来越受到重视。因此，关注主观财务受限就具有重要的理论意义和现实意义。本研究将财务受限研究从绝对性稀缺拓展到相对性稀缺范畴，研究结果具有重要的拓展意义。

其次，本研究将财务受限的行为后果从经济决策扩展到非经济决策领域，具有重要的理论创新意义。从财务受限感对决策的影响文献来看，已有研究大多都探索了财务受限感对消费者经济决策的影响，如感到财务受限的消费者往往会降低在产品选择时的多样化倾向（Fan、Jiang 和 Hu，2020），对价格变得敏感（Ailawadi 等，2001），更加偏好反享乐消费（Yang 和 Zhang，2022），减少口碑参与（Paley、Tully 和 Sharma，2019），或作出规避风险的决定（Haushofer 和 Fehr，2014）等。这些研究一方面说明财务受限感是一个重要的情境因素，一旦激发出来就会对后续产品偏好、判断以及选择产生重要的影响；另一方面也说明财务受限感是一种负面状态，因此会对后续消费行为产生负面影响。然而鲜有研究探究财务受限感对消费者非经济决策的影响。由于经济决策更多地涉及了个人损失与个人利益，而非经济决策所影响的是他人利益（樊亚凤、蒋晶、崔稳权，2019；Rooji和 Teppa，2014），因此可以预期当财务受限感对消费者非经济决策产生影响时，其产生的效应和心理机制与作用于经济决策是存在差异的。为了回应这一预测，本研究提出并验证了财务受限感对捐赠意愿这一典型的非经济决策会产生显著影响，且该效应有积极的促进作用。上述研究结论将财务受限感的行为后果从经济决策扩展到非经济决策领域，且发现了显著的正向影响，研究结论具有重要的理论创新意义。

9.2.2 本研究对捐赠行为领域的理论贡献

本研究创新性地提出了财务受限这一负面状态是捐赠行为的一个重要的前置变量，研究结果丰富了捐赠意愿的影响因素研究。

首先，从微观层面上来看，子研究二提出的消费者财务受限感是提升捐赠意愿的一个重要的情境因素，该研究结论是对现有捐赠意愿的情境影响因素文献的重要补充，具有重要的理论填补意义。已有文献提出以下三类主要影响因素。

个人因素：一是个人特征，如性别（迟毓凯，2009；Brunel 和 Nelson，2000；Vrugt 和 Vet，2009）、受教育程度（Jamens，2006）、年龄（Randolph，1995）、宗教信仰（郭健，2009；Ranganathan 等，2008）以及道德认同（Aquino 和 Reed，2002）；二是社会特征，如居住流动性（Wang、Kirmani 和 Li，2021）；三是价值观，如权力距离信念（Han、

Lalwani 和 Duhachek，2017）；四是心理特征，如控制感（Xu、Kwan 和 Zhou，2020）或权力感（姚琦等，2020）。

慈善组织的募捐技巧：一是信息变量，如募捐信息采用第三人称（Sepehri 等，2021）、募捐信息同时包含与捐赠人和组织相关的内容（Fajardo、Townsend 和 Bolander，2018）、募捐信息框架类型（宋文静、陈怡煖、黄韫慧，2023）以及道德诉求方式（陈斯允、卫海英、孟陆，2019）等；二是请求变量，如捐赠行为被界定为身份表达（Rifkin、Du 和 Berger，2021）、要求捐赠人对其慈善行为进行有义务宣传（Yang 和 Hee，2021）、网络公益平台默认选项设置（樊亚凤、蒋晶、崔稳权，2019）以及网络公益平台支付渠道数量（冉雅璇、牛熠欣、陈斯允，2021）等；三是信道变量，如通过直接邮件向捐赠人提供预先激励（Yin、Li 和 Singh，2020）等。

情境因素：一是环境线索因素，如社会比较（Schlosser 和 Levy，2016；郑晓莹、彭泗清、彭璐珞，2015）、可爱元素（Shin 和 Mattila，2021）；二是情境激发的心理状态，如威胁敬畏感（Septianto 等，2022）、死亡线索（Zaleskiewicz、Gasiorowska 和 Kesebir，2015）。

尽管现有研究表明，情境因素是作用于捐赠行为的重要的一类因素，但此类研究非常有限。由于情境因素具有偶发性和多发性，且具有重要的营销实践意义，因此本研究也同样关注情境因素，提出消费者被激发出的财务受限感，会提升其后续的捐赠行为。该研究结果是对现有捐赠意愿的情境影响因素文献的重要补充，具有重要的理论意义。

其次，子研究一里采用了消费者所在城市商业吸引力级别作为代理变量，考察了客观财务状况对消费者捐赠意愿的影响，研究结果丰富了捐赠意愿的宏观影响因素领域，具有重要的理论拓展意义。现有宏观环境因素的研究一般聚焦以下三个方面：一是从政策制定者的角度，探究政府层面的税收等制度设计对个人捐赠意愿的影响，如政府支持（杨方方，2004）、政府干预和基金支持（Buffardi 等，2017；Hu 和 Guo，2016；Yu、Shen 和 Li，2021）；二是从营利性企业视角探究善因营销对消费者态度的影响（江若尘、郑玲，2017；Wen、Kim 和 Bowen，2023）；三是从慈善组织视角探究慈善组织法律规定（Barman，2007；Hogg，2018；Wiepking 等，2021）、慈善组织形象对捐赠意愿的影响（蒋晶，2014），或者是探索公益慈善的生态系统（樊亚凤、胡左浩、洪瑞阳，2022）等。上述这些研究都反映了宏观环境通过对慈善事业的总体影响而间接作用于捐赠人的捐赠行为（Barman，2007）。与这些间接影响不同，子研究二探究消费者所在城市商业吸引力级别这一宏观影响因素对消费者捐赠意愿的直接影响，具有重要的理论创新意义。

9.2.3 本研究对捐赠动机领域的理论贡献

首先，本研究提出权力状态是财务受限感提升消费者捐赠行为的重要驱动因素，这是探索捐赠动机的一个全新的理论视角。已有关于捐赠动机的研究多从同理心和利他动机（Bendapudi 等，1996；Ho、Lin 和 Wyer，2021；Homer，2022；Piff 等，2010）、声誉动机（Bekkers 和 Wiepking，2011；Sanchez 和 Kull，2022）、心理效益动机（Klucarova 和 He，2022；Lv 和 Huang，2022；Shi、Chen 和 Xu，2021）或者成本收益动机（Kassirer、Jordan 和 Kouchaki，2023；Xu、Mehta 和 Dahl，2022）等视角探究消费者的财务资源状况与捐赠行为之间的关系，而本研究从一个全新的视角出发，引入权力状态作为心理机制，研究具有重要的理论意义。一方面，研究发现财务受限感会导致消费者低权力状态，从而启动消费者补偿性动机，继而提升了捐赠行为，该研究结果进一步丰富了对于消费者捐赠动机的理解，即消费者的捐赠行为不只是出于对他人福利的关心，更不是仅发生在消费者的财务状况相对富足的情况下，主观感受到财务资源不足的消费者在权力补偿动机的驱使下也很有可能参与捐赠行为。另一方面也提出了权力状态和捐赠行为具有负向关系，拓展了权力状态在非经济决策领域里发挥的正面作用，是对权力状态正面效应的有意义的探索。

其次，基于捐赠场景，本研究提出了有调节的中介效应机制，如果捐赠行为是公开性的，财务受限感所引发的低权力状态以及高捐赠意愿的效应仍旧存在；但当捐赠行为是匿名的，那么参与公益慈善捐赠行为对于提升个人权力感并无帮助，消费者更愿意保留其有限的财务资源，因此是否财务受限对权力状态及后续捐赠行为的影响则不存在显著差异。该结论在一定程度上解释了前人研究结论中关于财务资源富足与贫乏群体哪个群体更加慷慨的矛盾之处，同时也佐证了权力状态的中介作用，增强了该心理机制的稳健性。

最后，基于感知资源不充分性，本研究提出了有调节的中介效应模型。如果消费者感知到资源的不充分，他们的权力补偿动机就会被抑制，使高低权力状态下的消费者的捐赠意愿没有显著差异。但是当消费者没有意识到资源不充分性，权力状态的中介作用仍旧存在，低权力状态消费者会显示更多的捐赠行为。该研究发现不仅再次佐证了权力状态的中介作用，增加了该心理机制的稳健性，还提出了权力与资源之间的相互制约关系，具有重要的理论拓展意义。

综上所述，本研究所提出的权力状态的心理机制和捐赠场景的边界条件从理论上解释了捐赠行为是财务受限感的缓解机制的心理原因，具有重要的理论创新意义。

9.3 管理启示

本研究对于政府和慈善组织鼓励捐赠行为提供了重要的指导意义。首先，从宏观视角来看，子研究一发现消费者所在城市商业吸引力级别和捐赠行为之间存在负向关系，所在城市级别越低，其捐赠意愿越高。因此，在进行慈善推广时，政府和慈善组织可以面向这些城市加大推广力度。同时，子研究一还揭示了消费者月收入水平和捐赠行为之间的正向关系，因此，在慈善推广中，政府和慈善组织可以面向较高收入的消费者加大推广力度。

其次，从微观视角来看，子研究二的研究结论可以用于指导慈善组织和政府部门推广普及公众的捐赠行为。子研究二的结论表明，在欲望迅速膨胀但经济预期不确定性较大的大环境下，消费者的财务受限感会显著地负向影响其权力状态。进一步地，通过强调捐赠行为对于权力状态的提升效应，可以有效地提高公众的捐赠意愿。因此，慈善组织可以通过激发消费者的财务受限感来促进更多的捐赠行为。此外，在公益募捐活动时，可通过适当给予捐赠人公开表扬和致谢或赠送绶带、腕带等较为显眼的纪念物品的方式，使消费者的捐赠结果公开可见，让潜在捐赠人感受到因捐赠行为而带来的个人形象、地位和权力状态的提升，从而提高潜在捐赠人参与捐赠行为的积极性。同样，本研究指出资源敏感也会影响财务受限消费者的捐赠行为，因此慈善机构在进行募集活动时，应该将“资源”敏感性降到最低，从而避免负面作用。

再次，由于消费者参与亲社会行为的动机与捐赠动机是相似的，因此本研究的结论还可以延伸至其他类别的亲社会、利他行为的推广。例如，商家在进行绿色环保产品的推广时，如果该产品是在公开场合使用且价格显著高于同等的非环保产品，商家可以在产品推广时适当对环保、利他、高端等概念进行强调。这类字眼能够显著提高潜在消费者对于该产品提升权力状态效用的预期，从而在财务受限感普遍存在的消费环境下，增加潜在消费者的购买意愿。

最后，本研究成果对于帮助消费者缓解无处不在的经济压力具有重要的意义，消费者可以通过帮助他人来缓解财务受限带来的低权力心理状态，一方面可以缓解自己的负面状态，从而提升幸福指数和建立健康的心态；另一方面也可以通过捐赠来帮助他人，提升个人捐赠总额及社会福祉。

9.4 本研究的局限与未来研究方向

尽管本研究在探索财务受限和捐赠意愿关系上得出了一些有意义的结论和启示，但研究还存在着许多不足之处，也为未来研究提供了新的空间。

首先，虽然本研究分别采用了问卷调研和实验方法来验证财务受限与捐赠行为的关系及其心理机制，但在研究设计中应该融入更多的研究方法来增强研究的效度。在未来研究中，应该采用实地试验、定性访谈等方式，进一步加深对财务受限缓解机制的理解。

其次，在子研究二实验设计方面，自变量操控和实验形式有待进一步优化。对于自变量的操控，子研究二采用了回忆和写作任务方法，操控方法略显单一，在一定程度上会影响研究的内部效度。为了进一步提升内部效度，在未来的研究中可以增加诸如语义操控等其他操控方式。此外，尽管采用了网络和实验室实验加强了内外部效度，但仅采用测量的方式来衡量因变量捐赠行为会受到社会期望回答的干扰，因此在未来研究中应该采用田野实验或者激励融合方式进行测量。通过上述改进措施，研究的内部效度、外部效度以及普适性都会得到显著提升，有助于提升研究结论的准确性和权威性。

再次，虽然本研究探索了捐赠场景和资源不充分显著性对权力状态的调节中介作用，但是财务受限感效应还存在其他边界条件。在未来研究中，应该加强对这些边界条件的探究，更好地理解财务受限作用于捐赠行为的心理过程，例如感知他人身份。感知他人身份指的是在决策环境下，消费者对另外一方及其身份程度的感知，通常为高于自己、与自己相同以及低于自己三种程度上的区别（Dubois 等，2012）。社会比较理论研究领域研究成果显示，个体与不如自己的、和自己相似的以及比自己强的其他个体所进行的比较，显著影响其后续的身份相关的消费行为（Dubois 等，2012；Ordabayeva 和 Chandon，2011；Wang 和 Griskevicius，2014）。换言之，感知他人身份是在某种决策环境下与他人身份进行的一种比较；当这种比较发生时，向上和向下比较对后续行为产生不同影响作用；对身份需求越强的个体受到感知他人身份的影响越强。基于上述观点，我们认为感知他人身份可能在权力状态对亲社会行为影响中发挥了调节中介的作用。第一，感知他人身份中涉及的两相比较符合权力定义中关于“社会关系”和“不对称”的描述，不同的权力状态下的个体由于权力或感知权力的不对称而引发一定程度的社会比较，这种比较可能是低权力状态与低权力状态的个体比较，也可能是低权力状态与高权力状态的个体比较（Dubois 等，2012；Gao 等，2016）。第二，在权力状态出现缺失的情况下，个体的补偿性动机会被启动，继而会引发能够提升身份的消费行为或者亲社会行为（Dubois 等；Piff 等，2010）。结合身份需求和信号效应理论，低权力状态消费者由于补偿性动机的存在受到感知他人身份的影响大于高权力状态消费者，即对于低权力状态消费者来讲，当他们感知到受助人的身份不如自己的时候，他们倾向于有更多的捐赠行为。反之，高权力状态消费者受到感知他人身份的影响则不显著。在未来的研究中可以对感知他人身份的调节中介效应进行验证。

最后，从本研究的结论出发，未来研究还可以针对财务受限感和消费者捐赠动机进一步拓展。例如，在中国的文化环境下，“面子”是消费者社会地位的体现，“面子”的大小与消费者的权力感密切相关，因此未来可以考虑将“面子”意识加入研究框架，探究中国特色的消费者行为。此外，本研究仅探讨了财务受限对捐赠行为的正面效应，在未来研究中，可以探索该效应是否可以推及其他捐赠行为（如捐赠时间）；同时也可以探究捐赠行为是否能缓解其他类型的稀缺（如时间稀缺、资源稀缺）所带来的负面感受等。

参考文献

[1] 陈斯允，卫海英，孟陆．社会知觉视角下道德诉求方式如何提升劝捐效果［J］．心理学报，2019，51（12）：1351－1362.

[2] 迟毓凯．亲社会行为启动效应研究——慈善捐助的社会心理学探索［M］．广州：广东人民出版社，2009.

[3] 樊亚凤，胡左浩，洪瑞阳．互联网公益平台生态圈的价值创造与生态治理机制［J］．中国行政管理，2022，2：51－58.

[4] 樊亚凤，蒋晶，崔稳权．网络公益平台默认选项设置对个人捐赠意愿的影响及作用机制［J］．心理学报，2019，51（4）：415－427.

[5] 郭健．社会捐赠及其税收激励研究［M］．北京：经济科学出版社，2009.

[6] 江若尘，郑玲．善因营销的捐赠水平与消费者态度：一个有中介的调节效应模型检验［J］．心理学报，2017，49（5）：692－698.

[7] 蒋晶．影响我国个人捐赠者捐赠决策过程的心理机制——基于情感适应理论的实证研究［J］．中国软科学，2014，2014（6）：44－57.

[8] 李芹．SARS危机中慈善捐赠的特点与动机探析［J］．河南社会科学，2004，12（2）：55－59.

[9] 刘能．怨恨解释、动员结构和理性选择——有关中国都市地区集体行动发生可能性的分析［J］．开放时代，2004，4：56－70.

[10] 冉雅璇，牛熠欣，陈斯允．“多”反而少：元认知推断视角下支付渠道数量对个人捐赠的影响［J］．心理学报，2021，53（4）：413－430.

[11] 宋文静，陈怡媛，黄韫慧．募捐信息该强调恢复还是改善受时间可控性调节［J］．心理学报，2023，55（7）：1133－1147.

[12] 唐更华，王学力．企业慈善行为策略研究新进展［J］．管理评论，2004，16（9）：41－45.

[13] 唐娟．公民公益行为的理论分析［J］．河南大学学报：社会科学版，2004，44（5）：163－167.

[14] 童璐琼．权力状态对消费者边界偏好的影响［J］．心理学报，2015，47（11）：1371－1378.

[15] 王小波．试论普通人参与慈善事业的意义、影响因素及其途径［J］．道德与文明，2006，2：12－15.

[16] 吴波，李东进，秦勇．个人权力状态对利他诉求产品偏好影响研究［J］．营销科学学报，2013，9（4）：75－89.

[17] 吴冠之．非营利组织营销［M］．北京：中国人民大学出版社，2003.

[18] 杨方方．发展现代慈善事业应该认识的几个基础性问题［J］．社会科学，2004（3）：52－58.

[19] 姚琦，吴章建，张常清，符国群．权力感对炫耀性亲社会行为的影响［J］．心理学报，2020，52（12）：1421－1435.

[20] 叶莹．我国慈善事业发展的现状及影响因素分析［J］．辽宁行政学院学报，2006，8（6）：241－242.

[21] 尹丽．非营利组织的营销沟通——以中国青少年发展基金会之希望工程为例［J］．上海管理科学，2003，2：39－41.

[22] 张晓玉．和谐社会构建中的公民参与问题研究［J］．四川行政学院学报，2008，3：68－70.

[23] 郑晓莹，彭泗清，彭璐珞．“达”则兼济天下？社会比较对亲社会行为的影响及心理机制［J］．心理学报，2015，47（2）：243－250.

[24] Ailawadi K. L., Neslin S. A., Gedenk K. Pursuing the value-conscious consumer: store brands versus national brand promotions [J]. *Journal of Marketing*, 2001, 65 (1): 71-89.

[25] Anderson C., Galinsky A. D. Power, optimism, and risk-taking [J]. *European Journal of Social Psychology*, 2006, 36 (4): 511-536.

[26] Andreoni J., Petrie R. Public goods experiments without confidentiality: A glimpse into fund-raising [J]. *Journal of Public Economics*, 2004, 88 (7-8): 1605-1623.

[27] Andreoni J. Giving with impure altruism: Applications to charity and Ricardian equivalence [J]. *Journal of Political Economy*, 1989, 97 (6): 1447-1458.

[28] Andreoni J. Impure altruism and donations to public goods: A theory of warm glow giving? [J]. *Economic Journal*, 1990, 100 (401): 464-477.

[29] Ariely D., Bracha A., Meier S. Doing good or doing well? Image motivation and monetary incentives in behaving prosocially [J]. *American Economic Review*, 2009, 99 (1): 544-555.

[30] Bagozzi R. P., Moore D. J. Public service advertisements: Emotions and empathy guide prosocial behavior [J]. *Journal of Marketing*, 1994, 58 (1): 56-70.

[31] Bakan D. The duality of human existence [M]. Reading, PA: Addison-Wesley, 1966.

[32] Bandura A. Social foundations of thought and action: A social-cognitive theory [M]. Englewood Cliffs, NJ: Prentice-Hall, 1986.

[33] Barman E. An institutional approach to donor control: From dyadic teis to a field-level analysis [J]. *American Journal of Sociology*, 2007, 112 (5): 1416-1457.

[34] Baron R. M., Kenny D. A. The moderator-mediator variable dis-

tinction in social psychological research: Conceptual, strategic, and statistical considerations [J]. *Journal of Personality and Social Psychology*, 1986, 51 (6): 1173 - 1182.

[35] Basil D. Z., Ridgway N. M., Basil M. D. Guilt and giving: A process model of empathy and efficacy [J]. *Psychology Marketing*, 2008, 25 (1): 1 - 23.

[36] Basow S. A., Crawley D. M. Helping behavior: Effects of sex and sex - typing [J]. *Social Behavior and Personality*, 1982, 10 (1): 69 - 72.

[37] Batson C. D. The altruism question: Toward a social - psychological answer [M]. NJ: Erlbaum, 1991.

[38] Becker G. S. A theory of social interaction [J]. *Journal of Political Economy*, 1974, 82 (6): 1063 - 1093.

[39] Bekkers R., Wiepking P. A literature review of empirical studies of Philanthropy: eight mechanisms that drive charitable giving [J]. *Nonprofit and Voluntary Sector Quarterly*, 2011, 40 (5): 924 - 973.

[40] Bendapudi N., Singh S. N., Bendapudi V. Enhancing helping behavior: An integrative framework for promotion planning [J]. *Journal of Marketing*, 1996, 60 (7): 33 - 49.

[41] Bennett R., Sargeant A. The nonprofit marketing landscape: Guest editors' introduction to a special section [J]. *Journal of Business Research*, 2005, 58 (6): 797 - 805.

[42] Bennett R. Market orientation among small to medium sized UK charitable organizations: Implications for fund - raising performance [J]. *Journal of Nonprofit Public Sect Marketing*, 1998, 6 (1): 31 - 45.

[43] Benson P. L., Karabenick S. A., Lerner R. M. Pretty pleases: The effects of physical attractiveness, race, and sex on receiving help [J]. *Journal of Experimental Social Psychology*, 1976, 12: 409 - 415.

[44] Bihm E., Gaudet I., Sale O. Altruistic responses under condi-

tions of anonymity [J]. *The Journal of Social Psychology*, 1979, 109: 25 - 30.

[45] Bird R. B., Smith E. A. Signaling theory, Strategic interaction, and symbolic capital [J]. *Current Anthropology*, 2005, 46 (2): 221 - 238.

[46] Booth A. Responses to scarcity [J]. *Sociological Quarterly*, 1984, 25 (1): 113 - 124.

[47] Bozionelos G., Bennett P. The theory of planned behaviour as predictor of exercise: The moderating influence of beliefs and personality variables [J]. *Journal of Health Psychology*, 1999, 4: 517 - 529.

[48] Brick D. J., Zhou L., Chartrand T. L., Fitzsimons G. J. Better to decide together: Shared consumer decision making, perceived power, and relationship satisfaction [J]. *Journal of Consumer Psychology*, 2021, 32 (3): 387 - 405.

[49] Brooks A. C. Charitable giving in transition economies: Evidence from Russia [J]. *National Tax Journal*, 2002, 55 (4): 743 - 753.

[50] Brunel F. F., Nelson M. R. Explaining gendered responses to help - self and help - others charity ad appeals: The mediating role of worldviews [J]. *Journal of Advertising*, 2000, 29 (3): 15 - 28.

[51] Bryman A. Social research methods [M]. Oxford: Oxford University Press, 2012.

[52] Buffardi A. L., Pekkanen R. J., Smith S. R. Proactive or protective? Dimensions of and advocacy activities associated with reported policy change by nonprofit organizations [J]. *VOLUNTAS: International Journal of Voluntary and Nonprofit Organizations*, 2017, 28 (3): 1226 - 1248.

[53] Burnett J. J., Wood V. R. A proposed model of the donation decision process [J]. *Research in Consumer Behavior*, 1988, 3: 1 - 47.

[54] Cermak D. S. P., File K. M., Prince R. A. Customer participation in service specification and delivery [J]. *Journal of Applied Business Research*, 1994, 10 (2): 90 - 97.

[55] Cha M., Yi Y., Lee J. When people low in social class become a persuasive source of communication: Social class of other donors and charitable donations [J]. *Journal of Business Research*, 2020, 112 (3): 45 - 55.

[56] Chang D. R., Jang J., Lee H., et al. The effects of power on consumers' evaluation of a luxury brand's corporate social responsibility [J]. *Psychology Marketing*, 2019, 36 (1): 72 - 83.

[57] Chen F., Huang S. Robots or humans for disaster response? Impact on consumer prosociality and possible explanations [J]. *Journal of Consumer Psychology*, 2023, 33 (2): 432 - 440.

[58] Chen Y., Gao L. The identified donor effect: Disclosure of the donor's name shapes the recipient's behavior [J]. *Journal of Consumer Psychology*, 2021, 32 (2): 232 - 250.

[59] Choi J., Park H. Y. How donor's regulatory focus changes the effectiveness of a sadness - evoking charity appeal [J]. *International Journal of Research in Marketing*, 2021, 38 (3): 749 - 769.

[60] Chung S., Hair N. The adverse effects of mobile devices on willingness to donate and online fundraising outcomes [J]. *International Journal of Advertising*, 2021, 40 (8): 1343 - 1365.

[61] Clee M. A., Wicklund R. A. Consumer behavior and psychological reactance [J]. *Journal of Consumer Research*, 1980, 6 (4): 389 - 405.

[62] Conner M., Armitage C. Extending the theory of planned behavior: A review and avenues for further research [J]. *Journal of Applied Social Psychology*, 1998, 28: 1429 - 1464.

[63] Corbin J. M., Strauss A. L. Basics of qualitative research: Techniques and procedures for developing grounded theory [M]. Los Angeles, CA: Sage, 2008.

[64] Dawson S. Four motivations for charitable giving: Implications for marketing strategy to attract monetary donations for medical research [J].

Journal of Health Care Marketing, 1988, 8 (2): 31 – 37.

[65] Dias R. S. , Sharma E. , Fitzsimons G. J. Spending and happiness: The role of perceived financial constraints [J]. *Journal of Consumer Research*, 2022, 49 (3): 373 – 388.

[66] Domhoff G. W. Who rules America? [M]. Mountain View, CA: Mayfield Publishing, 1998.

[67] Donnelly G. E. , Wilson A. V. , Whillans A. V. , Norton M. I. Communicating resource scarcity and interpersonal connection [J]. *Journal of Consumer Psychology*, 2021, 31 (4): 726 – 745.

[68] Dubois D. , Rucker D. D. , Galinsky A. D. Super size me: Product size as a signal of status [J]. *Journal of Consumer Research*, 2012, 38 (6): 1047 – 1062.

[69] Duncan B. A theory of impact philanthropy [J]. *Journal of Public Economics*, 2004, 88 (9 – 10): 2159 – 2180.

[70] Duncan B. Secret Santa reveals the secret side of giving [J]. *Economic Inquiry*, 2009, 47 (1): 165 – 181.

[71] Eagly A. H. , Crowley M. Gender and helping behavior: A meta – analytic review of the social psychological literature [J]. *Psychological Bulletin*, 1986, 100: 283 – 308.

[72] Ein – Gar D. , Levontin L. , Kogut T. The adverse effect of choice in donation decisions [J]. *Journal of Consumer Psychology*, 2021, 31 (3): 570 – 586.

[73] Emmons R. A. , Diener E. Influence of impulsivity and sociability on subjective well – being [J]. *Journal of Personality and Social Psychology*, 1986, 50: 1211 – 1215.

[74] Fajardo T. M. , Townsend C. , Bolander W. Toward an optimal donation solicitation: Evidence from the field of the differential influence of donor – related and organization – related information on donation choice and amount [J]. *Journal of Marketing*, 2018, 82 (2): 142 – 152.

[75] Fan L. S. , Li X. S. , Jiang Y. Room for opportunity: Resource scarcity increases attractiveness of range marketing offers [J]. *Journal of Consumer Research*, 2019, 46 (1): 82 -98.

[76] Fan L. S. , Rucker D. D. , Jiang Y. Power and need - for - justification: Asymmetrical effects on senders and receivers in marketing communications [J]. *Journal of Consumer Research*, early access, DI 10. 1093/jcr/ucac052, 2022.

[77] Fan Y. , Jiang J. , Hu Z. More or less? The effects of financial constraints on variety - seeking behavior [J]. *Journal of Contemporary Marketing Science*, 2020, 3 (2): 195 -205.

[78] Farmer S. M. , Fedor D. B. Volunteer participation and withdrawal: A psychological contract perspective on role of expectations and organizational support [J]. *Not - for - Profit Management and Leadership*, 1999, 9: 349 -367.

[79] Fernbach P. M. , Kan C. , Lynch J. G. Squeezed: Coping with constraint through efficiency and prioritization [J]. *Journal of Consumer Research*, 2015, 41 (5): 1204 -1227.

[80] Fraser C. , Hite R. E. , Sauer P. L. In - creasing contributions in solicitation campaigns: The use of large and small anchor points [J]. *Journal of Consumer Research*, 1988, 14 (2): 284 -287.

[81] Frey B. S. , Meier S. Pro - social behavior in a natural setting [J]. *Journal of Economic Behavior and Organization*, 2004, 54 (1): 65 -88.

[82] Fromkin H. L. , Snyder C. R. The search for uniqueness and valuation of scarcity. In Social Exchange [M]. Boston, MA: Springer, 1980: 57 -75.

[83] Galinsky A. D. , Gruenfeld D. H. , Magee J. C. From power to action [J]. *Journal of Personality and Social Psychology*, 2003, 85 (3): 453 -466.

[84] Galinsky A. D. , Rucker D. D. , Magee J. C. Power: Past find-

ings, present considerations and future direction. In M. Mikulincer P. R. Shaver (Eds) [J]. *APA Handbook of Personality and Social Psychology*, American Psychological Association Press, 2015: 421 -460.

[85] Goetz J. L., Keltner D., Simon T. E. Compassion: An evolutionary analysis and empirical review [J]. *Psychological Bulletin*, 2010, 136: 351 -374.

[86] Goldsmith K., Roux C., Wilson A. V. Can thoughts of having less ever promote prosocial preferences? The relationship between scarcity, construal level, and sustainable product adoption [J]. *Journal of the Association for Consumer Research*, 2020, 5 (1): 70 -82.

[87] Gong X., Zhang H., Fan Y. To conform or deviate? The effect of resource scarcity on consumer preference for minority - endorsed options [J]. *Journal of Business Research*, 2021, 122: 437 -446.

[88] Gong Y., Dai Y., Ma Z., Li J.. Do incentives work to motivate voluntary blood donation? [J]. *Psychology Marketing*, 2022, 40 (4): 656 -673.

[89] Griskevicius V., Ackerman J., Cantu S. When the economy falters, do people spend or save? Responses to resource scarcity depend on childhood environments [J]. *Psychological Science*, 2013, 24 (2): 197 -205.

[90] Gruseck J. E. The socialization of altruism [M] // In N. Eisenberg. The Development of Prosocial Behavior. New York: Academic Press, 1982: 139 -166.

[91] Gugenishvili I., Francu R. E., Koporcic N. I give a dime if you do, too! The influence of descriptive norms on perceived impact, personal involvement, and monetary donation intentions [J]. *Journal of Consumer Behavior*, 2021, 21 (2): 167 -179.

[92] Gulen S., Ulqinaku A., Viglia G., Das G. The effect of financial scarcity on discretionary spending, borrowing, and investing [J]. *Journal of the Academy of Marketing Science*, DI 10.1007/s11747 -021 -00811 -0, 2021.

[93] Guo C., Zhang Z. Understanding nonprofit advocacy in non-Western settings: A framework and empirical evidence from Singapore [J]. *VOLUNTAS: International Journal of Voluntary and Nonprofit Organizations*, 2014, 25 (5): 1151-1174.

[94] Guo Y. Philanthropic disaster relief giving as a response to institutional pressure: Evidence from China [J]. *Journal of Business Research*, 2011, 64 (12): 1377-1382.

[95] Guy B. S., Patton W. E. The marketing of altruistic causes: Understanding why people help [J]. *The Journal of Consumer Marketing*, 1989, 6 (1): 19-30.

[96] Haidt J., Rodin J. Control and efficacy as interdisciplinary bridges [J]. *Review of General Psychology*, 1999, 3 (4): 317-337.

[97] Hamilton R. W., Mittal C., Shah A., Thompson D., V, Griskevicius V. How financial constraints influence consumer behavior: An integrative framework [J]. *Journal of Consumer Psychology*, 2019, 29 (2): 285-305.

[98] Han D., Lalwani A. K., Duhachek A. Power distance belief, power, and charitable giving [J]. *Journal of Consumer Research*, 2017, 44 (1): 182-195.

[99] Han J. J., Smale M. C., Lee J. How power increases preference for experiential purchases but not for material purchases [J]. *Psychology Marketing*, DI 10.1002/mar.21793, 2023.

[100] Harvey J. W. Benefit segmentation for fund raisers [J]. *Journal of the Academy of Marketing Science*, 1990, 18 (1): 77-86.

[101] Haushofer J., Fehr E. On the psychology of poverty [J]. *Science*, 2014, 344 (6186): 862-867.

[102] Hayes A. F. Introduction to Mediation, Moderation, and Conditional Process Analysis: A Regression-Based Approach [M]. New York, NY: The Guilford Press, 2013.

[103] Henrich J., Boyd R., Bowles S., Camerer C., Fehr E., Gintis H., McElreath R. In search of homo economicus: Behavioral experiments in 15 small - scale societies [J]. *American Economic Review*, 2001, 91: 73 - 78.

[104] Hibbert S. A., Horne S. To give or not to hive: Is that the question [J]. *Advances in Consumer Research*, 1995, 2: 179 - 182.

[105] Ho C. M., Lin S. J., Wyer R. S., Jr. The downside of purchasing a servant brand: The effect of servant brand consumption on consumer charitable behavior [J]. *Psychology Marketing*, 2021, 38 (11): 2019 - 2033.

[106] Hoang C., Ng S. The facilitating effect of physiological self - tracking on organ donation [J]. *Journal of Consumer Psychology*, 2023, 33 (2): 394 - 402.

[107] Hofstede G. H. Culture and organizations: Software of the mind [M]. London, NY: McGraw Hill, 1991.

[108] Hofstede G. H. Culture's consequences: Comparing values, behaviors, institutions, and organizations across nations [M]. Beverly Hills, CA: Sage, 2001.

[109] Hofstede G. H. Culture's consequences: International differences in work - related values [M]. Beverley Hills, CA: Sage, 1980.

[110] Hogg E. What regulation, who pays? Public attitudes to charity regulation in England and Wales [J]. *Nonprofit and Voluntary Sector Quarterly*, 2018, 47 (1): 72 - 88.

[111] Holland J., Silva A., Mace R. Lost letter measure of variation in altruistic behaviour in 20 neighborhoods [J]. *PLOS ONE*, 2012, 7 (8): e43294.

[112] Holland R. W., Verplanken B., Van Knippenberg A. On the nature of attitude - behavior relations: the strong guide, the weak follow [J]. *European Journal of Social Psychology*, 2002, 32 (6): 869 - 876.

[113] Homer P. M. When sadness and hope work to motivate charitable giving [J]. *Journal of Business Research*, 2021, 133: 420 – 431.

[114] Hu M., Guo C. Fundraising policy reform and its impact on nonprofits in China: A view from the trenches [J]. *Nonprofit Policy Forum*, 2016, 7 (2): 213 – 236.

[115] Huang Y. Confucius and Mencius on the motivation to be moral [J]. *Philosophy East and West*, 2010, 60 (1): 65 – 87.

[116] Ingram P., Clay L. The choice – within – constraints new institutionalism and implications for sociology [J]. *Annual Review of Sociology*, 2000, 26 (1): 525 – 546.

[117] Isen A. M. Positive affect, cognitive processes and social behavior. In L. Berkowitz (Eds.) [J]. *Advance in Experimental Social Psychology*, 1987: 203 – 253.

[118] James R. N., Sharpe D. L. The nature and causes of the U – shaped charitable giving profile [J]. *Nonprofit and Voluntary Sector Quarterly*, 2007, 36 (2): 218 – 238.

[119] Jia Y., Wyer R. S., Jr., Shen H. "Will you?" versus "can you?": Verbal framing moderates the effect of feelings of power on consumers' reactions to waiting [J]. *Journal of Experimental Psychology – Applied*, 2021, 27 (2): 213 – 227.

[120] Jiang Y., Zhan L., Rucker D. D. Power and action orientation: Power as a catalyst for consumer switching behavior [J]. *Journal of Consumer Research*, 2014, 41 (1): 183 – 196.

[121] Jin L., He Y., Zhang Y. How power states influence consumers' perceptions of price unfairness [J]. *Journal of Consumer Research*, 2014, 40 (5): 818 – 833.

[122] Jin L., Huang Y. How power states influence the persuasiveness of top – dog versus underdog appeals [J]. *Journal of Consumer Psychology*, 2019, 29 (2): 243 – 261.

[123] Jorge M., Frank K., Roland Z. Human fronto - mesolimbic networks guide decisions about charitable donation [J]. *Proceedings of the National Academy of Science*, 2006, 103 (42): 623 - 628.

[124] Kamatham S. H., Pahwa P., Jiang J., Kumar N. Effect of appeal content on fundraising success and donor behavior [J]. *Journal of Business Research*, 2021, 125: (3), 827 - 839.

[125] Karlsson N., Garling T., Dellgran P. Social comparison and consumer behavior: When feeling richer or poorer than others is more important than being so [J]. *Journal of Applied Social Psychology*, 2005, 35 (6): 1206 - 1222.

[126] Kassirer S., Jordan J., Kouchaki M. Giving - by - proxy triggers subsequent charitable behavior [J]. *Journal of Experimental Social Psychology*, AR 104438, DI 10. 1016/j. jesp. 2022. 104438.

[127] Keltner D., Gruenfeld D., Anderson C. Power, approach, and inhibition [J]. *Psychological Review*, 2003, 110 (2): 265 - 284.

[128] Kim S., Childs M. L. Passion for the past: Effect of charity appeals and nostalgia on clothing donation intentions [J]. *Journal of Consumer Behavior*, 2021, 20 (5): 1179 - 1190.

[129] Kim S., Vandenabeele W. A strategy for building public service motivation research internationally [J]. *Public Administration Review*, 2010, 70 (5): 701 - 709.

[130] Klucarova S., He X. Status consumption and charitable donations: The power of empowerment [J]. *Psychology Marketing*, 2022, 39 (6): 1116 - 1128.

[131] Kotler P. Strategies for introducing marketing into nonprofit organizations [J]. *Journal of Marketing*, 1979, 43 (1): 37 - 44.

[132] LaFrance M., Hecht M. A., Paluck E. L. The contingent smile: A meta - Analysis of sex differences in smiling [J]. *Psychological Bulletin*, 2003, 129: 305 - 334.

[133] Laran J., Salerno A. Life – history strategy, food choice, and caloric Consumption [J]. *Psychological Science*, 2013, 24 (2): 167 – 173.

[134] Lazarus R. S. Emotion and Adaptation [M]. New York: Oxford University Press, 1991.

[135] Lee J., Aggarwal A., Rafieian H., Korschun D. Do consumers use tipping to monitor service? Role of power and embarrassment [J]. *Journal of Retailing and Consumer Services*, AR 102159, DI 10. 1016/j. jretconser. 2020. 102159.

[136] Lee L., Piliavin J. A., Call V. R. A. Giving time, money, and blood: Similarities and differences [J]. *Social Psychology Quarterly*, 1999, 62 (9): 276 – 291.

[137] Liang J., Chen Z., Lei J. Inspire me to donate: The use of strength emotion in donation appeals [J]. *Journal of Consumer Psychology*, 2016, 26 (2): 283 – 288.

[138] Lusardi A., Daniel S., Peter T. Financially fragile households: Evidence and implications [J]. *NBER Working Paper*, *No.* 17072, Cambridge, MA, 2011.

[139] Lv L., Huang M. Can personalized recommendations in charity advertising boost donation? The role of perceived autonomy [J]. *Journal of Advertising*, DI 10. 1080/00913367. 2022. 2109082, 2022.

[140] Mair J., Hehenberger L. Frontstage and backstage convening: The transition from opposition to mutualistic coexistence in organizational philanthropy [J]. *Academy of Management Journal*, 2014, 57 (4): 1174 – 1200.

[141] Malika M., Maheswaran D. Busy or poor: How time or money scarcity cues differentially impact purchase decisions regarding service firms [J]. *Journal of the Academy of Marketing Science*, DI 10. 1007/s11747 – 022 – 00922 – 2, 2023.

[142] Malika M., Maheswaran D., Jain S. P. Perceived financial constraints and normative influence: discretionary purchase decisions across cul-

tures [J]. *Journal of the Academy of Marketing Science*, 2021, 50 (2): 252 - 271.

[143] Mandel N., Petrova P. K., Cialdini R. B. Images of success and the preference for luxury brands [J]. *Journal of Consumer Psychologym*, 2006, 16: 57 - 69.

[144] Mandel N., Smeesters D. The sweet escape: Effects of mortality salience on consumption quantities for high - and low - self - esteem consumers [J]. *Journal of Consumer Research*, 2008, 35 (2): 309 - 323.

[145] Mani A., Mullainathan S., Shafir E., Zhao J. Poverty impedes cognitive function [J]. *Science*, 2013, 341 (6149): 976 - 980.

[146] Markus H., Wurf E. The dynamic self - concept: A social psychological perspective [J]. *Annual Review of Psychology*, 1987, 38: 299 - 337.

[147] Martin R., Randal J. How is donation behavior affected by the donations of others? [J]. *Journal of Economic Behavior and Organization*, 2008, 67 (1): 228 - 238.

[148] Mathews R. C., Kling K. J. Self - transcendence, time perspective, and prosocial behavior [J]. *Nonprofit and Voluntary Sector Quarterly*, 1988, 17 (2): 4 - 24.

[149] Mathur A. Older adults' motivations for gift giving to charitable Organizations: An exchange theory perspective [J]. *Psychology Marketing*, 1996, 13 (1): 107 - 123.

[150] McAllister I., Makkai T. Populism and charity donations: An Australian case study [J]. *Nonprofit and Voluntary Sector Quarterly*, 2021, 50 (5): 939 - 958.

[151] Mehta R., Zhu M. Creating when you have less: The impact of resource scarcity on product use creativity [J]. *Journal of Consumer Research*, 2016, 42 (5): 767 - 782.

[152] Merton R. K. The focused interview and focus groups: Continuities and discontinuities [J]. *Public Opinion Quarterly*, 1987, 51 (4):

550 – 566.

[153] Midlarsky E. Competence and helping: Notes toward a model [J]. *Development and maintenance of prosocial behavior*, 1984: 291 – 308.

[154] Milne G. R., Gordon M. A. Direct mail privacy – efficiency tradeoffs within an implied social contract framework [J]. *Journal of Public Policy Marketing*, 1993, 12: 206 – 215.

[155] Mittal C., Griskevicius V., Haws K. L. From cradle to grave: How childhood and current environments impact consumers' subjective life expectancy and decision – making [J]. *Journal of Consumer Research*, 2020, 47 (3): 350 – 372.

[156] Morvinski C. The effect of unavailable donation opportunities on donation choice [J]. *Marketing Letters*, 2022, 33 (1): 45 – 60.

[157] Mourali M., Yang Z. The dual role of power in resisting social influence [J]. *Journal of Consumer Research*, 2013, 40 (3): 539 – 554.

[158] Muehleman J., Bruker C., Ingram C. The generosity shift [J]. *Journal of Personality and Social Psychology*, 1976, 34: 344 – 351.

[159] Nelson M. R., Brunel F. F., Supphellen M., Manchanda R. V. Effects of culture, gender, and moral obligations on responses to charity advertising across masculine and feminine cultures [J]. *Journal of Consumer Psychology*, 2006, 16 (1): 45 – 56.

[160] Newman G. E., Cain D. M. Tainted altruism: When doing some good is evaluated as worse than doing no good at all [J]. *Psychological Science*, 2014, 25 (3): 648 – 655.

[161] Norman P., Smith L. The theory of planned behaviour and exercise: An investigation into the role of prior behaviour, behavioral intentions and attitude variability [J]. *European Journal of Social Psychology*, 1995, 25: 403 – 415.

[162] North D. C. Institutions, institutional change and economic performance [M]. New York, NY: Cambridge University Press, 1990.

[163] Overbeck J. R., Park B. When power does not corrupt: Superior individuation processes among powerful perceivers [J]. *Journal of Personality Social Psychology*, 2001, 81 (4): 549 – 565.

[164] Paharia N., Swaminathan V. Who is wary of user design? The role of power – distance beliefs in preference for user – designed products [J]. *Journal of Marketing*, 2019, 83 (3): 91 – 107.

[165] Paley A., Tully S. M., Sharma E. Too constrained to converse: The effect of financial constraints on word of mouth [J]. *Journal of Consumer Research*, 2019, 45 (5): 889 – 905.

[166] Park H. Lalwani A. K., Silvera D. H. The impact of resource scarcity on price – quality judgments [J]. *Journal of Consumer Research*, 2020, 46 (6): 1110 – 1124.

[167] Park S, Yoon S. O. The effect of solicitation and target amounts on consumers' charitable giving decisions [J]. *Journal of Business Research*, 2022, 141 (3): 279 – 289.

[168] Parker J. R., Lehmann D. R. When shelf – based scarcity impacts consumer preferences [J]. *Journal of Retailing*, 2011, 87 (2): 142 – 155.

[169] Peschel A. O. Scarcity signaling in sales promotion: An evolutionary perspective of food choice and weight status [J]. *Journal of Retailing and Consumer Services*, AR 102512, DI 10. 1016/j. jretconser. 2021. 102512.

[170] Pessemier E. A., Bemmaor A. C., Hanssens D. M. Willingness to supply human body parts: Some empirical results [J]. *Journal of Consumer. Research*, 1977, 4: 131 – 140.

[171] Piff P., Kraus M., Cote S. Having less, giving more: The influence of social class on prosocial behavior [J]. *Journal of Personality and Social Psychology*, 2010, 99 (5): 771 – 874.

[172] Piliavin J. A., Charng H. Altruism: A review of recent theory and research [J]. *The Annual Review of Sociology*, 1990, 16: 27 – 65.

[173] Randolph W. C. Dynamic income, progressive taxes, and the

timing of charitable contributions [J]. *Journal of Political Economy*, 1995, 425 -427.

[174] Ranganathan S. K., Henley W. H. Determinants of charitable donation intentions: A structural equation model [J]. *International Journal of Nonprofit and Voluntary Sector Marketing*, 2008, 13 (1): 1 -11.

[175] Redding G., Wong Y. Y. G. The psychology of Chinese organizational behavior [M] //. In M. H. Bond. The psychology of the Chinese people. New York, NY: Oxford University Press, 1986.

[176] Reed A. II, Aquino K., Levy E. Moral identity and judgments of charitable behaviors [J]. *Journal of Marketing*, 2007, 71 (1): 178 -193.

[177] Reingen P. H. Test of a list procedure for inducing compliance with a request to donate money [J]. *Journal of Applied Psychology*, 1982, 67 (1): 110 -118.

[178] Rifkin J. R., Du K. M., Berger J. Penny for your preferences: Leveraging self - expression to encourage small prosocial gifts [J]. *Journal of Marketing*, 2021, 85 (3): 204 -219.

[179] Roux C., Goldsmith K., Bonezzi A. On the psychology of scarcity: When reminders of resource scarcity promote selfish (and generous) behavior [J]. *Journal of Consumer Research*, 2015, 42 (4): 615 -631.

[180] Rucker D. D., Dubois D., Galinsky A. D. Generous paupers and stingy princes: Power drives consumer spending on self versus others [J]. *Journal of Consumer Research*, 2011, 37 (6): 1015 -1029.

[181] Rucker D. D., Galinsky A. D., Dubois D. Power and consumer behavior: How power shapes who and what consumers value [J]. *Journal of Consumer Psychology*, 2012, 22 (3): 352 -368.

[182] Rucker D. D., Galinsky A. D. Desire to acquire: Powerlessness and compensatory consumption [J]. *Journal of Consumer Research*, 2008, 35 (2): 257 -267.

[183] Rucker D. D., Hu M., Galinsky A. D. The experience versus

the expectations of power: A recipe for altering the effects of power on behavior [J]. *Journal of Consumer Research*, 2014, 41 (2): 381 –396.

[184] Sachdeva S., Zhao J. Distinct impacts of financial scarcity and natural resource scarcity on sustainable choices and motivations [J]. *Journal of Consumer Behavior*, 2020, 20 (2): 203 –217.

[185] Salerno A., Sevilla J. Scarce foods are perceived as having more calories [J]. *Journal of Consumer Psychology*, 2019, 29 (3): 472 –482.

[186] Salminen S., Glad T. The role of gender in helping Behavior [J]. *The Journal of Social Psychology*, 2001, 132 (1): 131 –133.

[187] Sanchez A., Kull A. J. Don't put me on the spot: The role of perceived intrusiveness in public donation solicitations [J]. *Psychology Marketing*, 2022, 39 (12): 2401 –2412.

[188] Sargeant A., Ford J. B., West D. C. Perceptual determinants of nonprofit giving behavior [J]. *Journal of Business Research*, 2006, 59 (2): 155 –165.

[189] Sargeant A., Woodliffe L. Gift giving: An interdisciplinary review [J]. *International Journal of Nonprofit Voluntary Sector Marketing*, 2007, 12 (12): 275 –307.

[190] Sarial – Abi G., Ulqinaku A. Financial constraints influence how consumers evaluate approach – framed versus avoidance – framed messages [J]. *Journal of Advertising*, 2020, 49 (3): 270 –291.

[191] Schlegelmich B. B., Tanni A. C. Market segment – oriented fund – raising strategies: An empirical analysis [J]. *Marketing Intelligence and Planning*, 1989, 7 (11): 16 –24.

[192] Schlosser A. E., Levy E. Helping others or oneself: How direction of comparison affects prosocial behavior [J]. *Journal of Consumer Psychology*, 2016, 26 (4): 461 –473.

[193] Schwartz S. The justice of need and the activation of humanitarian norms [J]. *Journal of Social Issues*, 1975, 31 (3): 111 –136.

[194] Schwarzwald J., Bizman A., Raz M. The foot – in – the – door paradigm: Effects of a second request size on donation probability and donor generosity [J]. *Personality and Social Psychology Bulletin*, 1983, 9: 443 –450.

[195] Scott W. R. Institutions and organizations: Ideas, interests, and identities [M]. Los Angeles, CA: Sage, 2008.

[196] Sepehri A., Duclos R., Kristofferson K., et al. The power of indirect appeals in peer – to – peer fundraising: Why "s/he" can raise more money for me than "I" can for myself [J]. *Journal of Consumer Psychology*, 2021, 31 (3): 612 –620.

[197] Septianto F., Seo Y., Paramita W. The role of implicit theories in motivating donations in response to threat – based awe [J]. *Journal of Public Policy Marketing*, 2022, 41 (1): 72 –88.

[198] Shah A. K., Mullainathan S., Shafir E. Some consequences of having too little [J]. *Science*, 2012, 338 (6107): 682 –685.

[199] Sharma E., Alter A. L. Financial deprivation prompts consumers to seek scarce goods [J]. *Journal of Consumer Research*, 2012, 39 (3): 545 –560.

[200] Shi H., Chen R., Xu X. How reward uncertainty influences subsequent donations: The role of mental accounting [J]. *Journal of Business Research*, 2021, 132: 383 –391.

[201] Shin J., Mattila A. S. Aww effect: Engaging consumers in "non – cute" prosocial initiatives with cuteness [J]. *Journal of Business Research*, 2021, 126: 209 –220.

[202] Silverman R. M., Patterson K. L. The effects of perceived funding trends on non – profit advocacy: A national survey of non – profit advocacy organizations in the United States [J]. *International Journal of Public Sector Management*, 2011, 24 (5): 435 –451.

[203] Simpson B., Willer R. Beyond altruism: Sociological foundations of cooperation and prosocial behavior [J]. *Annual Review of Sociology*,

2015，41：43 -63.

[204] Small D. A. ，Verrochi N. M. The face of need：Facial emotion expression on charity advertisements [J]. *Journal of Marketing Research*, 2009，46（6）：777 -787.

[205] Smith P. K. ，Trope Y. You focus on the forest when you're in charge of the trees：Power priming and abstract information processing [J]. *Journal of Personality and Social Psychology*，2006，90（4）：578 -596.

[206] Sneddon J. N. ，Evers U. ，Lee J. A. Personal values and choice of charitable cause：An exploration of donors' giving behavior [J]. *Nonprofit and Voluntary Sector Quarterly*，2020，49（4）：803 -826.

[207] Song X. ，Jung J. ，Zhang Y. Consumers' preference for user - designed versus designer - designed products：The moderating role of power distance belief [J]. *Journal of Marketing Research*，2021，58（1）：163 -181.

[208] Sung B. ，Hatton -Jones S. ，Teah M. et al. Shelf - based scarcity as a cue of luxuriousness：an application of psychophysiology [J]. *European Journal of Marketing*，2021，55（2）：497 -516.

[209] Sutton S. The past predicts the future：Interpreting behaviour - behaviour relationships in social psychological models of health behaviours. [M] // In D. R. Rutter，L. Quine（Eds）. Social Psychology and Health：European Perspective. Aldershot，UK：Avebury，1994：71 -88.

[210] Tan S. Ritual and deference：Extending Chinese philosophy in a comparative context [J]. *Philosophy of East and West*，2012，62（1）：131 -134.

[211] Tang H. ，Li L. ，Su S. Experiencing less leads to the use of more：The effect of a scarcity mindset on product usage [J]. *Journal of Business Research*，2022，149：139 -148.

[212] Tassiello V. ，Tillotson J. S. ，Rome A. S. "Alexa，order me a pizza!"：The mediating role of psychological power in the consumer - voice assistant interaction [J]. *Psychology Marketing*，2021，38（7）：1069 -1080.

[213] Thaler R. H. , Sunstein C. R. Nudge: Improving decisions about health, wealth, and happiness [M]. USA: Penguin, 2009.

[214] Thomas V. L. , Fowler K. , Saenger C. Celebrity influence on word of mouth: the interplay of power states and power expectations [J]. *Marketing Letters*, 2020, 31 (1): 105 - 120.

[215] Tian Y. Cultural variance in corporate presentation: Content analysis of U. S. and Chinese corporate web sites [J]. *Human Communication*, 2008, 11 (4): 483 - 494.

[216] Titmuss R. The gift relationship: From human blood to social policy [M]. New York, NY: The New Press, 1997.

[217] Tully S. M. , Hershfield H. E. , Meyvis T. Seeking lasting enjoyment with limited money: Financial constraints increase preference for material goods over experiences [J]. *Journal of Consumer Research*, 2015, 42 (1): 59 - 75.

[218] Van Herpen E. , Pieters R. , Zeelenberg M. When demand accelerates demand: Trailing the band wagon [J]. *Journal of Consumer Psychology*, 2009, 19: 302 - 312.

[219] Van Kleef G. A, Oveis C. , Van der Löwe I. , et al. Power, distress and compassion: Turning a blind eye to the suffering of others [J]. *Psychological Science*, 2008, 19 (12): 1315 - 1322.

[220] Verhallen T. M. Scarcity and consumer choice behavior [J]. *Journal of Economic Psychology*, 1982, 2 (4): 299 - 322.

[221] Vieites Y. , Goldszmidt R. , Andrade E. B. Social class shapes donation allocation preferences [J]. *Journal of Consumer Research*, 2021, 48 (5): 775 - 795.

[222] Vrugt A. , Vet C. Effects of a smile on mood and helping behavior [J]. *Social Behavior and Personality*, 2009, 37 (9): 1251 - 1258.

[223] Wang C. X. , Zhang J. Assertive ads for want or should? It depends on consumers' power [J]. *Journal of Consumer Psychology*, 2020,

30 (3): 466 -485.

[224] Wang J., Jin F. Power and variety - seeking: A compensatory perspective [J]. *Frontier in Psychology*, 2022 (13): AR 928958, DI 10.3389/fpsyg.2022.928958.

[225] Wang L., Su X., You Y. Purchasing luck: The impact of scarcity cues on superstitious behavior [J]. *Journal of Consumer Behavior*, 2021, 20 (3): 577 -589.

[226] Wang L., You Y., Yang C. Restrained by resources: The effect of scarcity cues and childhood socioeconomic status (SES) on consumer preference for feasibility [J]. *International Journal of Research in Marketing*, 2020, 37 (3): 557 -571.

[227] Wang P. X., Wang Y., Jiang Y. Gift or donation? Increase the effectiveness of charitable solicitation through framing charitable giving as a gift [J]. *Journal of Marketing*, 2022, 87 (1): 133 - 147.

[228] Wang W., Yi Y., Li J., et al. Lighting up the dark: How the scarcity of childhood resources leads to preferences for bright stimuli [J]. *Journal of Business Research*, 2022, 139: 1155 - 1164.

[229] Wang Y., Kirmani A., Li X. Not too far to help: Residential mobility, global identity, and donations to distant beneficiaries [J]. *Journal of Consumer Research*, 2021, 47 (6): 878 -889.

[230] Wang Y., Yao T., Qiu Q. From experience to expectation: The reverse effect of power on purchasing impulsiveness [J]. *Frontier in Psychology*, 2023 (14): AR 1094536, DI 10.3389/fpsyg.2023.1094536.

[231] Wei C., Liu M. W., Keh H. T. The road to consumer forgiveness is paved with money or apology? The roles of empathy and power in service recovery [J]. *Journal of Business Research*, 2020, 118: 321 -334.

[232] Wen X., Kim S., Bowen M. Doing good by sharing messages: An investigation of "You Share, We Donate" campaigns and how they can attain viral success [J]. *Journal of Business Research*, 2023 (156): AR

113510, 10. 1016/j. jbusres. 2022. 113510.

[233] Wiepking P., Handy F., Park S., et al. Global philanthropy: Does institutional context matter for charitable giving? [J]. *Nonprofit and Voluntary Sector Quarterly*, 2021, 50 (4): 697 – 728.

[234] Wilcox K., Prokopec S. Restraint that blinds: Attention narrowing and consumers' response to numerosity in self – control decisions [J]. *Journal of Consumer Research*, 2019, 46 (2): 371 – 387.

[235] Winterich K. P., Zhang Y. Accepting inequality deters responsibility: How power distance decreases charitable behavior [J]. *Journal of Consumer Research*, 2014, 41 (2): 274 – 293.

[236] Witkowski G. R. Funny money: Philanthropic giving and the money illusion [J]. *Nonprofit and Voluntary Sector Quarterly*, 2021, 50 (1): 77 – 92.

[237] Witte K. Putting the fear back into fear appeals: The extended parallel process model [J]. *Communications Monograph*, 1992, 59: 329 – 349.

[238] Wu F., Reimann M., Pol G., et al. The scarcity of beauty: how and why product aesthetics mobilize consumer acquisition effort [J]. *Journal of the Academy of Marketing Science*, 2022, DI 10. 1007/s11747 – 021 – 00831 – w.

[239] Xu H., Bolton L. E., Winterich K. P. How do consumers react to company moral transgressions? The role of power distance belief and empathy for victims [J]. *Journal of Consumer Research*, 2021, 48 (1): 77 – 101.

[240] Xu L., Mehta R., Dahl D. W. Leveraging creativity in charity marketing: The impact of engaging in creative activities on subsequent donation behavior [J]. *Journal of Marketing*, 2022, 86 (5): 79 – 94.

[241] Xu Q., Kwan C. M. C., Zhou X. Helping yourself before helping others: How sense of control promotes charitable behaviors [J]. *Journal of Consumer Psychology*, 2020, 30 (3): 486 – 505.

[242] Yang A. X., Hsee C. K. Obligatory publicity increases charita-

ble acts [J]. *Journal of Consumer Research*, 2021, 48 (5): 839 – 857.

[243] Yang H., Zhang K. How resource scarcity influences the preference for counterhedonic consumption [J]. *Journal of Consumer Research*, 2022, 48 (5): 904 – 919.

[244] Yao F., Jin X., Wu B., Zhao T., Ma T. Shape – trait consistency: The matching effect of consumer power state and shape preference [J]. *Frontier in Psychology*, 2021 (12): AR 615647, DI 10.3389/fpsyg.2021.615647.

[245] Yavas U., Rieken G., Parameswaran R. Using psychographics to profile potential donors [J]. *Business*, 1980, 30 (5): 41 – 45.

[246] Yin B., Li Y., Singh S. Coins are cold and cards are caring: The effect of pregiving incentives on charity perceptions, relationship norms, and donation behavior [J]. *Journal of Marketing*, 2020, 84 (6): 57 – 73.

[247] Yoon S., Kim H. C. Feeling economically stuck: The effect of perceived economic mobility and socioeconomic status on variety seeking [J]. *Journal of Consumer Research*, 2018, 44 (5): 1141 – 1156.

[248] Yu J., Shen Y., Li Y. Understanding the effect of central government funding on the service and advocacy roles of nonprofit organizations in China: A cross – regional comparison [J]. *Nonprofit and Voluntary Sector Quarterly*, 2021, 50 (1): 186 – 212.

[249] Zaleskiewicz T., Gasiorowska A., Kesebir P. The scrooge effect revisited: Mortality salience increases the satisfaction derived from prosocial behavior [J]. *Journal of Experimental Social Psychology*, 2015, 59: 67 – 76.

[250] Zhang A., Xia F., Li C. The antecedents of help giving in Chinese culture: Attribution, judgment of responsibility, expectation change and the reaction of affect [J]. *Social Behavior and Personality*, 2007, 35 (1): 135 – 142.

[251] Zhang K., Cai F., Shi Z. Do promotions make consumers more

generous? The impact of price promotions on consumers' donation behavior [J]. *Journal of Marketing*, 2021, 85 (3): 240 - 255.

[252] Zhang R., Ma Q., Guan D. The impact of financial scarcity on green consumption: Sequential mediating effects of anxiety and self - efficacy [J]. *Psychology Marketing*, 2023, 10.1002/3.21801.

[253] Zhang Y., Ao J., Deng J. The influence of high - low power on green consumption: The moderating effect of impression management motivation [J]. *Sustainability*, 2019, 11 (16), AR 4287, DI 10.3390/su11164287.

[254] Zhu M., Bagchi R., Hock S. J. The mere deadline effect: Why more time might sabotage goal pursuit [J]. *Journal of Consumer Research*, 2019, 45 (5): 1068 - 1084.

附　录

中国公益慈善 45 年大事记（1978—2022）①

［1］1978 年 5 月，《光明日报》发表特约评论员文章《实践是检验真理的唯一标准》，掀起了中国改革开放后第一次思想解放运动，慈善事业也开始走向复兴。

［2］1978 年 5 月，中华人民共和国民政部召开第一次党组会议，并正式开始办公。

［3］1978 年 12 月 18 日，中国共产党第十一届中央委员会第三次全体会议（简称中共十一届三中全会）在北京开幕，被视为中国改革开放的开端。

① 根据以下资料整理：（1）搜狐网（2018）. 1978—2018：中国公益慈善 40 年大事记，2023 年 11 月 15 日摘自 https://www.sohu.com/a/283646634_99909501；（2）中国新闻网（2021）.《慈善蓝皮书》2020 年度中国十大慈善热点事件出炉，2023 年 11 月 15 日摘取自 https://baijiahao.baidu.com/s?id=1693673016585182478&wfr=spider&for=pc；（3）人民政协网（2022）. 2021 年度中国十大慈善热点事件发布，2023 年 11 月 15 日摘自 https://www.rmzxb.com.cn/c/2022-01-18/3030860.shtml；《慈善蓝皮书》2019、2020、2021。

[4] 1979 年 4 月，中国第一家全国性的环保组织中国环境科学学会正式成立。同年，中国航海学会、中国教育学会、中国考古学会、中国地震学会、中国统计学会等第一批全国性的学术团体相继成立。

[5] 1979 年 9 月至 12 月，美国福特基金会、德国阿登纳基金会、德国赛德尔基金会、美国大使国际文化基金会等一批国际组织代表团访华。

[6] 1980 年，世界自然基金会（WWF）总部主席 Peter Scott 与原国家环境保护总局局长曲格平签署备忘录，开启了 WWF 在中国始于大熊猫及其栖息地保护的工作，也使 WWF 成为第一个受中国政府邀请来华开展工作的国际非政府组织。

[7] 1981 年 7 月，中国儿童少年基金会成立，这是中国第一家全国性基金会。其后，第一批具有公益慈善性质的全国性基金会纷纷成立，客观上为中国内地慈善事业的进一步复苏和发展打下了基础。

[8] 1982 年 12 月，《中华人民共和国宪法》在第五届全国人民代表大会第五次会议上通过，明确规定了公民结社权。

[9] 1985 年 3 月 22 日，丁光训主教等中国基督教领袖在香港举办记者招待会，宣布将在南京成立爱德基金会。这是中国最早成立的一批基金会中一个非“国字头”的特例。

[10] 1986 年 4 月，《中华人民共和国民法通则》在第六届全国人民代表大会第四次会议上通过。其明确规定社会团体法人是四类法人之一。

[11] 1987 年 5 月，黑龙江省大兴安岭地区发生特大森林火灾。国务院批准多部委关于调整接受国际救灾援助方针的请示，并成立了统筹国外援助工作小组，被认为是中国首次主动要求国际援助；经过此次调整之后，中国政府应对国

际救灾援助的方针渐趋积极、主动和开放。

[12] 1988年1月，福特基金会在中国设立办事处。这是第一个被中国政府允许在中国设立办事机构的国际非政府组织。

[13] 1988年9月，改革开放后国务院制定的第一部专门规范中国民间组织登记管理的行政法规——《基金会管理办法》发布。

[14] 1989年10月，国务院第49次常务会议通过《社会团体登记管理条例》。

[15] 1989年10月，中国青少年发展基金会发起实施“希望工程”，成为我国社会参与最广泛、最富影响力的民间公益事业。

[16] 1990年6月，国务院办公厅转发民政部关于清理整顿社会团体的请示，开始了历时一年的全国范围内第一次社会团体清理整顿工作。

[17] 1990年8月31日至9月2日，第一次全国性民间基金会经验交流研讨会在承德召开，中国青少年发展基金会、吴作人国际美术基金会等13家全国性基金会及民政部社团管理司、中国人民银行非金融管理司等机构的29位代表参会。

[18] 1993年1月8日，新中国成立后的第一个以“慈善”命名的慈善组织——吉林省慈善会成立，后更名为吉林省慈善总会。

[19] 1994年1月，由教育部主管的清华大学教育基金会在民政部登记成立，被认为是中国第一个高校基金会。

[20] 1994年2月，《人民日报》发表了社论——《为慈善正名》，开始褪去裹挟“慈善”的污名化外衣，让“慈善”公开重返政治舞台和公众视野。

[21] 1994年3月，中国文化书院·绿色文化分院

（“自然之友”前身）成立。这是中国第一家由民间发起的、正式登记注册的全国性民间环保组织。

[22] 1994 年 4 月，全国第一个综合性慈善组织——中华慈善总会成立，它从成立之日起就明确要走出一条慈善组织独立发展的道路。中华慈善总会的成立，标志着现代慈善理念开始在中国树立。

[23] 1995 年 4 月，中国基金会代表团在团长项南的带领下出访美国，考察基金会和非营利机构。这是中国基金会第一次组团出访考察。

[24] 1995 年 9 月 4 日至 15 日，联合国第四次世界妇女大会在北京举办。这次大会后，非政府组织（Non - Governmental Organization，NGO）这一术语进入中国公众话语。

[25] 1998 年，国务院进行机构改革，对民政部的机构设置进行调整，社团团体和民办非企业单位管理司更名为民间组织管理局。

[26] 1998 年春季，中国内地第一个非营利组织的支持性机构——基金会与非营利机构信息网成立，并提出“中国非营利组织九条自律守则”。

[27] 1998 年 10 月，中国内地第一个 NGO 研究机构——清华大学宣布成立 NGO 研究中心。

[28] 1998 年 9 月，国务院第 8 次常务会议通过《社会团体登记管理条例》以及《民办非企业单位登记管理暂行条例》。自此，民办非企业单位的登记管理步入法治轨道。

[29] 1999 年 6 月，第九届全国人民代表大会常务委员会第十次会议通过了《中华人民共和国公益事业捐赠法》。这是新中国成立后慈善捐赠的第一部法律。

[30] 1998 年 9 月，中国人民银行和民政部联合发出《关于做好社团基金会监管职责交接工作的通知》，中国人民银行将基金会的审批和监管职责全部移交民政部。

［31］2001 年 4 月，第九届全国人民代表大会常务委员会第二十一次会议通过《中华人民共和国信托法》，同年 10 月 1 日生效实施。该法规定了公益信托的性质、范围和批准方式。

［32］2004 年 2 月 4 日，国务院第 39 次常务会议通过了《基金会管理条例》。该条例将基金会划分为公募性基金会和非公募性基金会，以官方行政文件的形式允许国际 NGO 在中国注册办公室。

［33］2004 年 8 月，财政部发出关于印发《民间非营利组织会计制度》的通知，中国民间非营利组织的财务管理开始有法可依。

［34］2004 年 9 月，中国共产党第十六届中央委员会第四次全体会议通过了《中共中央关于加强党的执政能力建设的决定》，提出“健全社会保险、社会救助、社会福利和慈善事业相衔接的社会保障体系，构建社会主义和谐社会”的目标。这是新中国成立以后慈善事业第一次被写入中共中央文件。

［35］2005 年 3 月，第十届全国人民代表大会第三次会议上的《政府工作报告》中，首次出现了“支持发展慈善事业”的字眼。这是慈善事业第一次被写入政府工作报告。

［36］2007 年 6 月，中国第一家由互联网企业发起成立的基金会——腾讯公益慈善基金会成立。

［37］2008 年中国重大自然灾害频发，大灾激发了中国社会各界空前的慈善捐助热潮，使 2008 年被称为“中国民间公益元年”。当年，中国慈善事业捐赠总额为 1070 亿元人民币。

［38］2008 年汶川大地震和北京奥运会普及了志愿精神，拓展了社会的志愿服务认知，鼓励了公民的志愿行动，推动了志愿服务管理体系的构建。

[39] 2010年6月，北京师范大学壹基金公益研究院宣布成立，这是中国第一家由大学与公益组织联合发起的专门从事公益理论研究、公益人才培养与公共政策咨询服务的研究机构。

[40] 2010年9月，南都公益基金会发起的“银杏伙伴成长计划”启动。这是中国第一个专门以支持公益人才个人成长为目的资助项目。

[41] 2012年，中央财政安排2亿元专项资金，用于支持社会组织参与社会服务。这是中央政府首次通过建立公共财政资助机制加强对社会组织的培育和扶持。

[42] 2012年7月12日至14日，首届中国公益慈善项目交流展示会在深圳举行。这是当时全国最大规模的国家级、综合性的公益项目集中展示会。

[43] 2012年8月，第十一届全国人民代表大会常务委员会第二十八次会议通过《关于修改〈中华人民共和国民事诉讼法〉的决定》，修订案首次在法律上确立公益诉讼制度，并明确将社会组织作为公益诉讼主体之一。

[44] 2013年2月，党的十八届二中全会和十二届全国人民代表大会第一次会议通过《国务院机构改革和职能转变方案》，对改革社会组织管理制度作出重大部署，主要任务包括：推进行业协会商会与行政机关脱钩，对行业协会商会类、科技类、公益慈善类、城乡社区服务类社会组织实行直接登记，完善相关法律法规，健全社会组织管理制度，推动社会组织完善内部治理结构。

[45] 2013年11月，《中共中央关于全面深化改革若干重大问题的决定》设专章强调“激发社会组织活力”。

[46] 2014年10月，中国共产党第十八届中央委员会第四次全体会议通过《中共中央关于全面推进依法治国若干重大问题的决定》，明确提出要“加快保障和改善民生、推

进社会治理体制创新法律制度建设”，要完善“慈善”等方面的法律法规，“加强社会组织立法，规范和引导各类社会组织健康发展”。

[47] 2015 年 11 月，中国首家由中美慈善家创建的国际性公益学院——深圳国际公益学院正式成立，填补了中国独立公益慈善教学专门学院的空白。

[48] 2015 年，《行业协会商会与行政机关脱钩总体方案》印发，启动全国性行业协会商会与行政机关脱钩试点。截至 2018 年 4 月，全国性行业商会已有 388 家完成脱钩，占试点方案总数的九成以上。

[49] 2016 年 3 月，第十二届全国人民代表大会第四次会议通过《中华人民共和国慈善法》，并于同年 9 月 1 日施行。这是中国第一部国家层面基础性、综合性慈善法律，开启了中国民间与政府同为社会筑底的慈善法治时代。它与同年 4 月通过的《中华人民共和国境外非政府组织境内活动管理法》（2017 年 1 月 1 日起施行），共同搭起中国慈善法治体系的基本框架，是中国慈善立法进程的历史性突破。

[50] 2016 年 8 月，国家民间组织管理局更名为国家社会组织管理局。

[51] 2017 年 3 月，第十二届全国人民代表大会第五次会议表决通过了《中华人民共和国民法总则》，同年 10 月 1 日生效。该法将法人分为营利法人、非营利法人、特别法人；非营利法人包括事业单位、社会团体、基金会、社会服务机构等。

[52] 2017 年 4 月，中国社会组织网“全国社会组织信息查询平台”上线，同年 9 月 4 日，“全国慈善信息公开平台”开通。

[53] 2017 年 8 月，国务院颁布行政法规《志愿服务条例》，对志愿服务的基本原则、管理体制等作了全面规定，

使慈善法中有关志愿服务的规制得到细化，标志着我国志愿服务事业步入了法治化发展轨道。

[54] 2018 年 2 月，国家发展和改革委、人民银行、民政部等 40 个部门联合印发《关于对慈善捐赠领域相关主体实施守信联合激励和失信联合惩戒的合作备忘录》，明确了对慈善捐赠领域守信主体的 26 条激励措施和对失信主体的 24 条惩戒措施。

[55] 2019 年，民政部新设慈善事业促进和社会工作司。该司的设置有利于加强慈善社工工作的顶层设计、整体规划和统筹协调。

[56] 2019 年 1 月 17 日，习近平总书记前往天津和平区与社区志愿者交流，对志愿工作作出重要指示。同年 11 月，党的十九届四中全会明确提出要“健全志愿服务体系”，标志着中国志愿服务进入新篇章。

[57] 2020 年 5 月，《中华人民共和国慈善法》首次执法检查。

[58] 2021 年 2 月 7 日，财政部、税务总局、民政部发布《关于公益性捐赠税前扣除资格确认有关衔接事项的公告》，对公益慈善事业支出和管理费用比例、评估等级、非营利组织免税资格等规定进行了调整，让更多因为无法参加等级评估或参加评估尚未拿到评估等级的社会组织有机会获得公益性捐赠税前扣除资格。

[59] 2021 年两会后，全国人民代表大会常委会正式决定启动慈善法修订工作。同年 3 月 26 日，全国人民代表大会社会建设委员会在京召开慈善法修订工作专家座谈会。

[60] 2021 年 5 月 8 日，浙江工商大学获得来自企业的 3.5 亿元捐赠，用于建设全国首家慈善学院和慈善大楼，培养本硕博国民教育系列公益人才。此后，浙江工商大学、山东工商学院向教育部提交慈善管理本科专业申报材料，并在

8 月获得公示。同年 11 月 6 日，清华大学公益慈善研究院和敦和基金会联合主办首届“清华 - 敦和中国高校公益慈善教育论坛”，标志着我国公益慈善人才培养迈上新台阶。

[61] 2021 年 9 月 30 日，民政部印发关于《“十四五”社会组织发展规划》的通知，总结“十三五”期间我国社会组织发展状况和成绩，提出“十四五”期间社会组织发展的指导思想、基本原则、主要目标和相关发展预期指标，进一步规范和促进社会组织高质量发展。

[62] 2021 年 4 月 28 日，《中共中央 国务院关于加强基层治理体系和治理能力现代化建设的意见》（简称《意见》）发布。《意见》指出要发展公益慈善事业，完善社会力量参与基层治理的激励政策，创新五社联动机制，支持建立乡镇（街道）购买社会工作服务机制和设立社区基金会等协作载体，吸纳社会力量参加基层应急救援，并进一步强调了“五社联动”的行动框架在基层治理中的作用。

[63] 2022 年，党的二十大报告明确指出，要“引导、支持有意愿有能力的企业、社会组织和个人积极参与公益慈善事业”“建设人人有责、人人尽责、人人享有的社会治理共同体”，为新时代我国公益慈善事业的发展指明了方向。